Cómo analizar a las personas

Los secretos poco conocidos para acelerar la lectura de un humano, analizar los tipos de personalidad y aplicar la psicología del comportamiento

Índice

Introducción

¿Y si le dijera que acaba de tomar una de las mejores decisiones de su vida al leer este libro? Bueno, ¡eso es cierto! Si hay algo que la gente exitosa y poderosa entiende del juego de la vida, es que se trata de la gente. Borre eso, se trata de entender cómo funciona la mente humana.

Afortunadamente, como cualquier habilidad, usted puede aprender a analizar a la gente y leerla rápidamente.

¿Por qué querría aprender? Bueno, no se trata solo de influenciar a la gente, aunque si ha cogido este libro para aprender eso, entonces depende de usted usar lo que aprenda por las razones correctas, *y no para fomentar el odio.* Cuando sabe cómo analizar a la gente, usted está en una posición relevante en la sociedad, en la que siempre sabrá cómo fomentar la armonía dondequiera que vaya.

Sabrá cómo hacer que los adultos (que se gritan unos a otros) se callen, se sienten y encuentren las similitudes en sus aparentemente diferentes puntos de vista. También sabrá cómo hacer que su hijo de tres años coma brócoli, aunque no ame totalmente la impopular verdura.

En este libro, hablaremos de cómo usted puede analizar científicamente a las personas mientras interactúa con ellas. Aprenderá a leer su lenguaje corporal y el significado de las palabras que le dicen. Tendrá una idea de sus manierismos. No obtendrá un certificado de psicología del comportamiento humano al leerlo, pero al final de este libro, entenderá de qué se trata. Aprenderá y verá en los demás (o en sí mismo) cómo la psicología llega a jugar en nuestra vida diaria de maneras que son obvias —y no tan obvias.

No hay dos individuos exactamente iguales, excepto quizás esos espeluznantes gemelos de esa popular película de terror. Por lo tanto, es importante que usted aprenda sobre los tipos básicos de la personalidad humana, y cómo puede conectar con cada uno. Aprenderá qué regalos únicos traen estas personalidades a la mesa. Es más, aprenderá a entrelazar su personalidad diferente con la de otro, para que pueda trabajar y vivir juntos en armonía, experimentando el beneficio mutuo de cada uno.

¿En qué se diferencia este libro? Hay muchos libros sobre el mismo tema, pero este está actualizado, sin palabras extravagantes que tenga que buscar en Google, y hay métodos útiles y prácticos que puede aplicar de inmediato a su vida cotidiana.

Ya sea que esté leyendo este libro porque quiere una mejor vida amorosa o quiere ser un mejor amigo o colega, de nuevo, ha realizado la elección correcta. Una vez que haya terminado, se dará cuenta de que usted es mucho mejor observando cosas que antes no habría notado. ¡Será capaz de leer a la gente con la misma facilidad con la que lee las palabras en esta misma página!

No importa la situación a la que se enfrente, ya sea buena o mala, sabrá manejarla mucho mejor, manteniendo un punto de vista objetivo. Esto resulta en mejores relaciones y, en última instancia, en una mayor calidad de vida. ¿No es eso algo que todos podríamos usar?

Ahora, comencemos.

Capítulo uno: Los beneficios de analizar a los demás

¿Qué significa analizar a alguien? No se trata de entrecerrar los ojos y tratar de ver a través de su alma oscura y retorcida. El análisis de la conducta humana implica tratar de dar sentido al caos que es la forma en que funciona la mente humana. Se trata de entender no solo lo que pensamos, sino por qué tenemos los hábitos de pensamiento y comportamiento que tenemos. Se trata de entender la forma en que estos pensamientos afectan nuestras elecciones diarias, tanto las deliberadas como las no tan deliberadas.

Se trata de la ciencia (y el arte) del psicoanálisis, por el que puede agradecer a Sigmund Freud. "Psicoanálisis" se deriva de las palabras griegas psykhé que significa "alma", y análisis, que significa "investigar". Se podría decir que implica una especie de curiosear el alma.

Existen varias escuelas de pensamiento con el psicoanálisis, desde Freud hasta Jung. Este libro no trata de entrar en todos esos detalles. Usted quiere aprender a leer a la gente, y en eso nos centraremos.

Cómo analizan los psicólogos

Imagine que su amiga Siobhan es una psicóloga clínica. Usted siempre se ha preguntado si necesita tener la guardia alta alrededor de ella. Finalmente, y valientemente, en una fiesta con amigos, le pregunta–: "¡Oye Siobhan! ¿Siempre me estás analizando?".

Bueno, si ella fuera honesta, le diría que sí, que le está analizando. Sin embargo, no lo hace. Vamos a entrar en esta muy confusa respuesta que le he dado. El trabajo de un psicólogo clínico es prestar atención a los comportamientos, manierismos del habla y acciones irregulares.

Digamos que Siobhan ve a alguien actuando de forma extraña, diciendo algunas cosas realmente fuera de lugar, entonces ella definitivamente se interesará y analizará las cosas. No es porque esté tratando de ser un bicho raro, sino porque ha sido entrenada para analizar el comportamiento. Así que, incluso si no le estaba analizando activamente en ese momento, le está analizando ahora, porque usted atrajo la atención hacia usted. Puede que ella se pregunte cuántos martinis usted ha consumido, si está bajo la influencia de otra cosa o si simplemente está experimentando un episodio de manía.

Por eso dice que *no está tratando* de leerle. Podría hacer una lectura en frío si quisiera, pero desde un punto de vista profesional, la única manera de entender lo que usted piensa y siente es hacerle preguntas. Imagínese.

A menudo, las personas buscan la ayuda de un psicólogo clínico cuando se enfrentan a algún desafío en sus relaciones, en el trabajo o cuando las cosas no van como deberían. Naturalmente, el psicólogo profesional no se limitará a hacer una lectura en frío. Le hará preguntas antes de diagnosticar lo que le preocupa (depresión, ansiedad, trastorno bipolar, etc.).

Incluso entonces, el diagnóstico es solo el comienzo. Le da a Siobhan un contexto para los desafíos que usted enfrenta y le da una pista de los tratamientos que necesitará. Sin embargo, no sirve de mucho para hacerle saber la razón por la que usted está experimentando estos problemas o cómo puede darle un tratamiento diseñado para su caso.

El psicólogo debe ir aún más profundo. Tendrá que hacer algunos análisis, a menudo cubriendo estos aspectos:

Orígenes: Podrían discutir cómo fue crecer para usted, para ver dónde está el inicio de sus problemas. Querrá saber sobre cualquier desorden genético, cómo fue su infancia y su familia, cualquier cosa de importancia que le haya sucedido de niño, y cosas de esa naturaleza.

Acelerantes: Estos son los cambios que usted podría haber experimentado recientemente y que han causado que estos problemas salgan a la superficie o los han hecho aún peores de lo normal.

Mecanismos: Estos causan que ocurran sus problemas. El mecanismo es literalmente eso: Una máquina, construida desde sus orígenes, alimentada por sus acelerantes de manera que cuando se encienden, instantáneamente causan que estos problemas suyos pasen de cero a noventa en medio milisegundo.

Veamos esto en acción. Digamos que usted tiene problemas de soledad, habilidades sociales subdesarrolladas, ansiedad física y social. Esos son los problemas.

El origen de los problemas podría ser que su familia tiene un historial de ansiedad, y usted nunca salió mucho. Solo pasaba tiempo con su familia, por lo que no aprendió lo básico para conocer a los demás o comunicarse con ellos.

Ahora veamos los mecanismos de sus posibles problemas de ansiedad ficticios. La ansiedad es una condición que afecta principalmente a la esfera social de la vida, y solo aparece cuando se está involucrado en situaciones sociales. Debido a esto, usted se esfuerza por mantenerse alejado de la cena de Acción de Gracias, porque no puede manejarlo. Debido a su incapacidad para saludar (como una persona normal) a la gente que le rodea, desarrolla una visión de sí mismo que le hace ser "raro".

¿Qué acelera estos problemas que usted tiene? Es probable que algo haya desencadenado la depresión en usted cuando estaba en la escuela secundaria y, desde entonces, se ha preocupado constantemente de que sus problemas empeoren aún más, y lo hacen, inevitablemente. Debo aclarar que este ejemplo está demasiado simplificado. Los seres humanos son complejos. No es fácil encontrar precisamente una razón de por qué hacemos las cosas que hacemos.

Una décima de segundo

Cuando conoce a alguien, inconscientemente e inmediatamente usted se formula una impresión sobre él basada en sus preconceptos de la vida y los patrones a los que la gente debería conformarse. Anecdóticamente, lleva un poco menos de un minuto medir a alguien. Pero los brillantes psicólogos de Princeton han estudiado este fenómeno a fondo y han encontrado que toma una enorme décima de segundo para formar su primera opinión sobre alguien, mientras que se basa principalmente en el lenguaje corporal.

Entonces, ¿qué sucede después de haber dado esa primera impresión? Bueno, todas las demás impresiones siguen estando basadas en la comunicación no verbal. El Dr. Albert Mehrabian, en su maravilloso libro *"Mensajes silenciosos"*, sugiere que toda esa charla y formalidades entre usted y la otra persona solo constituyen un gran total del 7 por ciento de toda la comunicación que comparte. El resto proviene de señales no verbales (lenguaje corporal y expresiones faciales), y señales vocales.

Debido a todo esto, la pregunta se convierte en, ¿qué tan bueno es usted para leer a otras personas, en realidad? Si ignora el 93 por ciento restante de la ecuación de la comunicación, entonces es probable que usted no sea tan bueno para entender a los demás. No se preocupe. Aprenderá a hacerlo con este libro.

Por qué debería aprender a leer a la gente

No importa la profesión en la que usted esté, o su estatus en la vida. La habilidad de leer a los demás a su alrededor es una habilidad con beneficios sin precedentes. ¡Es como un súper poder!

Digamos que usted es un presentador de radio, y le han dado un guión para trabajar mientras entrevista a algún empresario o celebridad. Podría ser muy eficiente en su trabajo, ciñéndose al guión, sin desviarse. ¡Eso es genial! Pero, ¿y si pudiera leer a la gente?

Sería capaz de saber cuándo su invitado tiene mucho más que decir sobre cierto tema, salirse del guión, y conseguir un nuevo ángulo que nadie ha conseguido de ellos. Sería capaz de saber cuándo una cierta línea de preguntas les hace callar, así que puede retroceder, o reformular la pregunta de una manera menos antagónica. Esta es solo una pequeña forma en la que el análisis del comportamiento puede ayudarle.

Cuando usted entiende el 93 por ciento restante de la comunicación, hay un mundo de diferencia en cada aspecto de la vida. Podría ser la diferencia entre avanzar en su carrera o quedarse atascado en el montón. Es cómo usted se adelanta a la media en su campo. Es la razón por la que su jefe le confía más responsabilidad y le promueve —o no lo hace.

Leer a la gente correctamente puede ahorrarle una tonelada de angustia. Imagine un mundo en el que todos se dan cuenta en la primera cita de si vale la pena seguir una relación con la persona que está sentada frente a ellos. ¿Lo ve? No hay corazones rotos. Todas las citas terminarían con un apretón de manos, y "Hagamos esto otra vez, nunca".

La habilidad de analizar a la gente correcta y claramente significa que usted puede resolver fácilmente los problemas en casa. Puede mantener la paz con sus empleados o colegas en el trabajo. No pase por discusiones innecesarias, alborotadas y a veces violentas, a menos que le guste eso o alguna razón (en cuyo caso, necesita leer un libro diferente y ver a un profesional de la salud mental).

Leer a la gente es una habilidad de la que todos y cada uno se beneficiarán. Los vendedores y las compañías de publicidad conocen el valor de comprender la psicología del comportamiento. No se sorprenda de que estas compañías contraten con gusto a personas con un título en psicología porque esperan que descubran cómo convertir el comportamiento humano básico en beneficios.

La mente humana y su funcionamiento a menudo son explotados para bien o para mal. Usted ha estado en un supermercado. ¿Alguna vez se ha preguntado por qué siempre hace compras de última hora en la caja? Es porque las cosas se han establecido deliberadamente de esa manera. Esos artículos fueron puestos justo en su línea de visión, así que mientras paga por las cosas que planeó comprar, termina pensando, "Y, bien podría comprar ese paquete de chicles. Al niño le gusta eso".

¿Es un maestro lector de personas?

Algunas personas piensan que son absolutos profesionales en la lectura de otros. Probablemente usted ha estado en esta situación: Está en una fiesta, bebiendo a sorbos su trago, absorbiendo todo, sintiéndose uno consigo mismo y con el universo en ese momento. ¡Qué afortunado es usted al conocer a gente tan increíble! De repente, una persona al azar se acerca a usted y le pregunta: "Oye, ¿por qué esa cara tan larga?".

Usted le dice que está bien, pero él insiste en que no puede estarlo porque usted se ve muy deprimido. Le ofrece la clásica línea, "Esta es mi cara feliz", pero él no se lo cree. Probablemente incluso ha cogido una silla para sentarse a su lado para que pueda hablar de sus profundos y oscuros problemas. Bueno, si usted no estaba triste antes, ahora sí lo está. Tal vez, pueda relacionarse con esta experiencia. Tal vez, incluso ha sido culpable de este error.

Así que aquí tiene un cuestionario para que descubra lo bueno que es usted leyendo a la gente en un nivel básico, sin bolas de cristal. Muchos de estos sentimientos son a menudo mal interpretados. Tiene cuatro opciones para cada pregunta. Intente ver cuántas puede responder con precisión. Observe a alguien que conozca bien. Analícelo. Luego pregúntese cómo se siente. ¿Lo ha entendido bien?

1. Miedo. Vergüenza. Sorpresa. Enojo.

2. Cortesía. Interés. Felicidad. Coqueteo.

3. Desagrado. Tristeza. Enojo. Dolor.

4. Diversión. Tristeza. Vergüenza. Bochorno.

5. Desprecio. Orgullo. Enojo. Excitación.

6. Interés. Miedo. Compasión. Sorpresa.

7. Desprecio. Tristeza. Desagrado. Vergüenza.

8. Enojo. Desagrado. Dolor. Tristeza.

9. Coqueteo. Vergüenza. Amor. Deseo.

10. Dolor. Enojo. Tristeza. Vergüenza.

11. Enojo. Compasión. Interés. Tristeza.

12. Deseo. Excitación. Diversión. Sorpresa.

13. Interés. Felicidad. Deseo. Sorpresa.

14. Vergüenza. Compasión. Tristeza. Desagrado.

15. Amor. Deseo. Desagrado. Desprecio.

16. Tristeza. Vergüenza. Vergüenza. Orgullo.

17. Compasión. Felicidad. Deseo. Cortesía.

18. Amor. Vergüenza. Vergüenza. Tristeza.

19. Tristeza. Culpa. Desagrado. Dolor.

20. Satisfacción. Compasión. Amor. Coqueteo.

Capítulo dos: Comprensión del comportamiento humano y la psicología

Todos tenemos opiniones fuertes sobre cosas como si debe continuar la pena de muerte, si la iglesia y el estado deben mezclarse y si debe haber piña en la pizza. Estas son actitudes que todos tenemos en torno a ciertos temas. Estas actitudes pueden dictar lo que cree y también cómo se comporta. Hablemos un poco más sobre la actitud.

La definición del psicólogo sobre la actitud

Los psicólogos dicen que la actitud es la tendencia a juzgar las cosas, temas, personas y eventos bajo una luz, ya sea buena, mala o incierta. La actitud comprende tres componentes:

- El componente afectivo, que es cómo usted se siente acerca de la persona, cosa o asunto en cuestión.
- El componente conductual, que es cómo su actitud afecta su comportamiento.
- El componente cognitivo, que implica sus creencias y pensamientos sobre el asunto.

Estos son el ABC de la actitud.

La actitud también puede ser vista en términos de ser explícita e implícita. Donde las actitudes implícitas están justo debajo de la superficie, inconscientes, aún afectan nuestros patrones de creencias y la forma en que nos comportamos. Las actitudes explícitas son las que conocemos, que obviamente afectan a nuestros pensamientos y acciones.

Su actitud puede ser debido a la experiencia, las normas socioculturales, y el comportamiento aprendido de, digamos, el clásico condicionamiento que los anunciantes usan en nosotros para hacernos pensar en las cosas de cierta manera. También usted puede desarrollar una actitud, gracias al condicionamiento operante, que implica obtener retroalimentación de su entorno sobre su comportamiento. Su actitud también puede ser el resultado de la simple observación de todos los que le rodean, al igual que cuando era niño observaba a sus padres y probablemente asumía sus creencias y comportamientos en ciertas situaciones.

La mayoría de las personas asumen que la actitud y el comportamiento a menudo están en línea con los demás, pero no es así. Por ejemplo, un agente encubierto de la DEA podría tener una actitud de repugnancia hacia los traficantes de drogas y sustancias ilegales, pero eso no significa que vaya a esposar inmediatamente a todos los que sabe que son traficantes. De la misma manera, usted puede apoyar fuertemente a un candidato, pero no necesariamente saldrá a votar.

Análisis del comportamiento

El análisis de la conducta se basa en los principios del conductismo. Hay tres formas en que los psicólogos analizan el comportamiento:

- Investigando experimentalmente las conductas.
- Aplicando los hechos aprendidos sobre la conducta a contextos del mundo real.
- Analizando el comportamiento basado puramente en conceptos, teórica, histórica, filosófica y metodológicamente.

Técnicas para el análisis de la conducta

Para hacer las cosas aún más prácticas, a continuación se presentan las técnicas utilizadas por los profesionales para analizar el comportamiento:

1. **Inducción:** El analista del comportamiento activará la respuesta que busca mediante un estímulo. Este aviso puede ser una señal visual o una señal verbal.

2. **Encadenamiento:** Aquí, el analista de comportamiento convierte una tarea en trozos, más pequeños. La más fácil de las tareas (o la primera) será enseñada primero. Tan pronto como esa tarea ha sido manejada, entonces puede pasar a la siguiente, creando una cadena que solo termina cuando la secuencia se completa.

3. **Modelado:** El comportamiento en el foco se altera poco a poco. Con cada paso que el sujeto da hacia el comportamiento preferido, hay una recompensa.

Su cerebro y su comportamiento

La biopsicología estudia cómo el cerebro, sus neurotransmisores (o sustancias químicas) y otras partes del cuerpo afectan a los pensamientos, los sentimientos y el comportamiento. Este campo también se denomina neurociencia del comportamiento.

El objetivo de este estudio es analizar la forma en que los procesos biológicos del cerebro trabajan con las cogniciones, las emociones y todos los demás procesos estrictamente mentales del cerebro.

Se han realizado descubrimientos fenomenales sobre la forma en que el cerebro funciona basado en factores biológicos. La médula espinal y el cerebro conforman el sistema nervioso central (SNC). La corteza cerebral, la parte exterior del cerebro, es la que maneja las sensaciones, la cognición, las emociones y las habilidades motoras.

El cerebro tiene precisamente cuatro lóbulos:

- El lóbulo frontal maneja la cognición de alto nivel, las habilidades motoras, y su expresión a través del lenguaje.

- El lóbulo occipital ayuda a entender toda la información y los estímulos visuales de la naturaleza.

- El lóbulo parietal es la razón por la que se puede procesar todos los estímulos táctiles, entre otras cosas. Es la razón por la que sabe cuándo sacar la mano de la estufa caliente o por la que ese masaje se siente tan bien.

- El lóbulo temporal procesa la información auditiva, ayudando a entender el lenguaje y el sonido. También ayuda a procesar los recuerdos, entre otras cosas.

También existe un sistema nervioso periférico compuesto por:

- La división sensorial o aferente, que lleva toda la información sensorial al sistema nervioso central para procesarla.

- La división motora o eferente trabaja para conectar el sistema nervioso central con las glándulas y músculos.

Luego está el sistema nervioso autónomo compuesto por:

- El sistema nervioso simpático maneja el reflejo de lucha, escape o congelado en respuesta al peligro y el estrés.

- El sistema nervioso parasimpático, que lleva el cuerpo a un estado de descanso y maneja el proceso digestivo, entre otras cosas.

Dentro de este maravilloso cerebro suyo hay químicos conocidos como neurotransmisores. Estos llevan información de una neurona a otra, y para enviar información del cerebro a una parte del cuerpo, y viceversa. Ejemplos de neurotransmisores son la dopamina, que se encarga del aprendizaje y el movimiento. Cuando se tiene demasiada, se corre el riesgo de sufrir trastornos como la esquizofrenia. Muy poco puede hacer que enfrente a la enfermedad de Parkinson.

La dopamina es una hormona de bienestar. Cuando uno se siente bien, es natural que se deje llevar por un comportamiento que perpetúe esa sensación de bienestar. De esta manera, y de muchas otras, su cerebro afecta su comportamiento. Si el lóbulo frontal fuera inusual de alguna manera, eso afectaría la forma en que usted piensa, lo cual afectaría su comportamiento.

Otros factores que afectan el comportamiento humano

El comportamiento de las personas depende de varios factores además del cerebro. Algunos de ellos son:

- Habilidades: Estas son las cosas que se aprende de la observación de su entorno y las cosas que se tiene naturalmente dotadas. Hay tres clases de habilidades: Las habilidades intelectuales son las que involucran la lógica, la inteligencia, la habilidad de comunicar y analizar. Las habilidades físicas serían la fuerza, velocidad, resistencia, habilidades motoras y coordinación corporal. Las habilidades de autoconciencia implican la forma en que se siente acerca de las tareas que debe realizar.

- Género: Independientemente de que usted sea un hombre o una mujer, tiene las mismas oportunidades que el otro para desempeñarse bien mentalmente, o en un trabajo específico. Sin embargo, la sociedad respeta la diferencia entre ambos. Por ejemplo, cuando una mujer suele ser la encargada de cuidar a los niños, no es un comportamiento inusual que a veces se ausente del trabajo.

- Raza y Cultura: no es apropiado atribuir el comportamiento basado en la cultura y la raza, pero sucede, y esto puede influir en el comportamiento. Usted puede ser de una cierta raza, que ha tenido que lidiar con ciertos estereotipos. Delibera acerca de comportarse de manera diferente.

• Percepción: La percepción es la forma en que usted convierte los datos de sus sentidos en información útil con la que puede trabajar. Hay seis tipos de percepción: La percepción del sonido, el tacto, el gusto, el habla, otros sentidos y el mundo social.

• Genética: Su composición genética también puede influir en su comportamiento. Esto se debe a que sus genes han hecho un excelente trabajo para preservar las respuestas que sus ancestros tuvieron en ciertas situaciones. Por ejemplo, la composición genética de un niño puede dictar si camina a los tres u ocho meses. Esta influencia genética en el comportamiento tiene mayores implicaciones, pero afortunadamente, usted no tiene que preocuparse. Su comportamiento puede cambiar para mejor y no necesariamente está fijado en los genes, o grabado en piedra.

• Medio ambiente: El medio ambiente juega un papel muy importante en el comportamiento. Tome un par de gemelos al nacer y sepárelos, uno en la India y el otro en Suecia. Probablemente serían tan diferentes como el cielo y la tierra. Las culturas en estos dos lugares son diferentes, y por lo tanto el comportamiento sería naturalmente diferente hasta cierto punto.

Las tres leyes del comportamiento humano

Ley #1: El comportamiento a menudo se alineará con el statu quo, a menos que haya una recompensa o un riesgo que requiera un cambio. Si usted ha hecho algo repetidamente, entonces se convierte en un hábito que se transforma en el statu quo para usted. Piense en ello como inercia, según la primera ley de movimiento de Newton. Si su comportamiento cambia, entonces algo debe forzarlo a hacerlo, ya sea algo malo (como la incapacidad de respirar bien si es fumador) o algo bueno (como un aumento de sueldo cuando en realidad da todo de sí en su trabajo).

Ley #2: Su comportamiento se reduce a su tipo de persona y a su entorno. No cayó en la tierra con un conjunto de conductas ya formadas. Puede agradecer a Kurt Lewin por reducir el comportamiento a su estado o rasgos, y a su entorno. Estos elementos son interdependientes, ya que no puede predecir el comportamiento basado solo en su comprensión de quién es alguien, cómo piensa y siente, ni puede predecir el comportamiento basado en el entorno en el que está. Necesita una combinación de ambos.

Ley #3: Cada decisión que usted tome tendrá compensaciones y puede llevar a consecuencias no planeadas. Eso es solo un hecho de la vida. Quiere empezar a hacer ejercicio. La ventaja: se pone en forma y saludable. La desventaja: tiene que hacer tiempo para ello, tal vez también ir a comprar ropa de gimnasia nueva. Todo se trata del costo de oportunidad, o, "¿Qué estoy sacrificando si elijo hacer esto?". También hay consecuencias que no tiene intención de tener o que no anticipa. Por ejemplo, puede decidir hacer ejercicio con música alta para sentirse bombeado y motivado, pero sus vecinos pueden estar tratando de dormir después de un largo turno nocturno y pueden no apreciar el ruido. Eso se conoce como la tragedia de los bienes comunes.

Las técnicas utilizadas por los psicólogos del comportamiento

Aquí están las técnicas que usan los psicólogos del comportamiento que puede implementar en su vida ahora:

1. **Desenredar las distorsiones cognitivas:** Puede desenredar los errores de pensamiento que tiene por sí mismo, pero primero debe conocer de los que más sufre. Aquí hay un rápido repaso de las posibles distorsiones con las que podría estar lidiando:

a) Pensamiento en blanco y negro o polarizado: Piensa que todo es esto o aquello, y no hay tonos de gris, ni intermedios.

b) Filtrado: Se enfoca solo en los aspectos negativos de las cosas, en lugar de los positivos y negativos, o viceversa.

c) Saltar a las conclusiones: Está seguro de cosas sin evidencia.

d) Generalización excesiva: Toma una cosa que ocurrió una vez con un tipo de persona y asume que es ley con cualquier otra persona que se vea o suene así. O asume que como falló en un nuevo negocio, fallará en otros.

e) Personalización: Piensa que todo lo que dice o hace afecta a los demás, incluso cuando en realidad es una exageración. Por ejemplo, asume que llegar tarde a una fiesta lo desviaría del horario.

f) Minimizar o magnificar/catástrofe: Asume que lo peor ocurrirá si no lo ha hecho ya, todo por un evento que no es tan terrible como pensaba. O, asume que las cosas positivas no son tan importantes, como cuando hace un trabajo estelar, o es un gran amigo.

g) Falacia de la justicia: Lleva al extremo la necesidad de que todo y todos sean justos, y esto le hace infeliz.

h) Falacia de control: Siente que todas las cosas que pasan son completamente sobre usted o son por fuerzas más allá de su control. No se permite pensar que podría ser tanto una como la otra.

i) *Debería*: Estas son las suposiciones y reglas que tiene sobre cómo usted y otros *deberían* actuar. Cuando no se siguen estas reglas, usted se enfada.

j) Culpar: Cuando las cosas no se alinean como usted esperaba, asigna la responsabilidad a alguien más o a algo más aparte de sí mismo. Tal vez culpe a otros por la forma en que actúa o siente.

k) Falacia de cambio: Cree que la gente debería cambiar para adaptarse a su estado de ánimo. Asume que su felicidad reside en la forma en que los demás se comportan, así que si no cambian como le gustaría que lo hicieran, se enfada.

l) Lógica emocional: Se siente de cierta manera, así que asume que la manera en que se siente debe ser verdadera. Sin embargo, las emociones no son el mejor recurso cuando quiere una verdad objetiva.

m) Falacia de la "Recompensa del Cielo": Piensa que cuando se niega a sí mismo cosas buenas y se sacrifica, obtendrá una gran recompensa por sus actos desinteresados. Sin embargo, cuando esas recompensas no llegan, se siente amargado.

n) Estar siempre en lo cierto: Le cuesta aceptar que puede estar equivocado. Es muy importante que siempre tenga razón. Su rectitud importa tanto que los sentimientos de los demás podrían quemarse hasta las cenizas por lo que a usted le importa. Le cuesta aceptar que está equivocado.

o) Etiquetado erróneo o etiquetado global: Esta es una generalización al extremo. Toma uno o dos eventos o rasgos, los proyecta y los convierte en algo universal. Fracasó al montar en bicicleta, así que cree que fracasará en la natación y en la vida. También asume que solo porque alguien diga algo que usted piensa que es crítico o grosero, son cualquier cosa menos amigables. A menudo usa formas demasiado exageradas para describir ese acto que hicieron. ¿Su compañero de cuarto no lavó los platos anoche? Por Dios, ¡qué rata más asquerosa!

2. Reestructuración cognitiva: Esto involucra mirar cómo obtuvo estas distorsiones, y por qué las acepta. Cuando descubre las creencias que las potencian, puede desafiarlas y cambiarlas.

3. Diario: A medida que usted escribe un diario, evalúa sus pensamientos y estados de ánimo, y sus reacciones. No hay mejor manera de conocerse a sí mismo, sus patrones de pensamiento, sus inclinaciones emocionales, y cómo lidiar con ellos, adaptarse o cambiarlos.

4. Exposición a la pesadilla y reescritura: ¿Lidiando con las pesadillas? Entonces puede usar esta técnica. Lleve su pesadilla a la mente y deje que despierte las emociones que sintió. Una vez que sienta la incomodidad y el miedo, puede averiguar qué es lo que prefiere sentir y luego crear una nueva imagen que funcione con su emoción preferida para reemplazar la pesadilla.

5. Exposición interoceptiva: Esto es genial para lidiar con la ansiedad y el pánico. Se expone a las sensaciones corporales a las que tiene miedo, así puede obtener la respuesta habitual. Al hacerlo, surgen las creencias tóxicas con las sensaciones, y se aferra a la sensación sin tratar de evitarlas, o distraerse, para que pueda aprender nuevas cosas sobre ella. Esto le muestra que sus síntomas de pánico no son peligrosos para la vida. Incómodo, pero no peligroso.

6. Relajación muscular progresiva: Acuéstese en una posición cómoda, y luego escanee su cuerpo por grupo de músculos, comenzando por los dedos de los pies, hasta la cabeza. Respirando profundamente, tense cada grupo muscular, y luego relájelo varias veces antes de subir. Puede ver videos de YouTube para sesiones de relajación guiadas.

7. Prevención de exposición y respuesta: Si sufre de un trastorno obsesivo-compulsivo, esto puede ayudar. Expóngase a las cosas que desencadenan su compulsión y haga lo posible por abstenerse de su respuesta habitual. Haga esto repetidamente. Anote sus sentimientos como lo hace, y note como sus compulsiones se debilitan.

8. Respiración relajada: Esta es una gran técnica de atención plena. Hay muchas maneras de usarla, desde meditaciones guiadas a no guiadas. Simplemente llama la atención sobre su respiración. Inspire profundamente por la nariz y luego exhale por los labios, ligeramente separados. Su exhalación será más larga que la inhalación. Eso está bien. Esto ayuda con el TOC, la depresión, el trastorno de pánico, la ansiedad y muchas otras enfermedades.

9. Reviva la escena hasta el final: Esto funciona si está luchando contra la ansiedad y el miedo. Es básicamente un experimento en el que imagina el peor escenario posible de cómo podrían ir las cosas. Le ayuda a darse cuenta de que incluso en el peor de los casos, se las arreglará simplemente bien.

Capítulo tres: Los 16 tipos de personalidad

Ahora, hablemos de la personalidad. ¿Qué es, en realidad? La personalidad se refiere a las diferencias que existen de una persona a otra, en términos de sus patrones de pensamiento, emoción y comportamiento. Estudiar la personalidad implica considerar las diferencias que existen en ciertos rasgos de la personalidad, como ser normalmente irritable o sociable. También se trata de entender cómo todos los diversos aspectos de una persona se juntan para formar un ser completo.

Los tipos de personalidad de Myers-Briggs

Hay 16 tipos de personalidad según la clasificación de personalidades de Myers-Briggs. Vamos a hundir los dientes a cada uno, a la Drácula.

El arquitecto

Esta personalidad es un pensador imaginativo y estratégico con un plan para casi todo. Se clasifican como Introvertidos, Intuitivos, Pensadores, Juzgadores (INTJ). Son particulares en cuanto a los detalles y tienen una gran manera de mezclar lo racional con la creatividad. Se dará cuenta que un arquitecto es una persona privada, con un mundo rico y complejo en su interior. Este tipo de personalidad es raro y capaz de asumir más responsabilidad que la mayoría. La arquitecta femenina es casi un unicornio, difícil de encontrar. Es difícil para el arquitecto encontrar a aquellos que pueden lidiar con su constante análisis de todo. Sin embargo, no se atasca por el análisis. Toma decisiones rápidas y es curioso, pero centrado y ambicioso. No los encontrará desperdiciando energía en actividades triviales como el chisme. El arquitecto es una interesante combinación de un soñador siempre mirando el lado bueno y un pesimista amargado. Son muy innovadores, gracias a sus profundos conocimientos y su pensamiento lógico. Son perfeccionistas en todo lo que hacen. Si uno no puede seguirles el ritmo, le dejarán muy atrás. ¿Usted tiene reglas? Sus reglas pueden rodear una línea de poder. Ellos no son grandes en habilidades sociales. No van a seguir la corriente con usted. Les encanta estar fuera del foco de atención, pero eso no significa que les falte confianza.

El lógico

El lógico es Introvertido, Intuitivo, Pensante y Prospectivo (INTP). Piensan de pie. Si usted necesita una forma poco convencional de ver o hacer las cosas, no puede equivocarse con ellos. Son casi tan raros como el arquitecto —y eso es realmente bueno. La última cosa que el lógico quiere es ser "común". Les encanta ser los inventivos, los creativos, con un pensamiento sin límites y un intelecto impresionante. El lógico ve el patrón en todo. También son rápidos para ver donde algo no tiene sentido, así que por favor no les mienta. Lo curioso del lógico y las mentiras es que uno debe tener cuidado con lo que dice. No, no son mentirosos, pero abren sus mentes hacia usted mientras trabajan en ideas que aún necesitan ser desarrolladas. Piense en usted como una caja de resonancia para ellos. No se lo tome como algo personal. El lógico puede que no cumpla con lo que dijo que haría, pero sí cumple. Pueden parecer perdidos en sus sueños, pero en realidad, siempre están pensando. Desde el momento en que se dan cuenta de que están despiertos, las ideas inundan sus mentes en torrentes. Esto los hace parecer un poco distantes, pero no es para preocuparse. Es bastante relajante estar con ellos, especialmente cuando están con personas que tienen los mismos intereses, o amigos cercanos y de confianza. Sin embargo, al lógico no le va bien con la gente nueva, ya que de repente son tímidos. Las bromas pueden convertirse en una batalla si sospechan que uno es crítico con sus ideas.

El inspector

El Inspector es Introvertido, Sensible, Pensante, Juzgador (ISTJ). Pueden parecer un poco intimidantes cuando uno está en la habitación con ellos, especialmente cuando no se tiene ninguna conexión o relación con ellos. Parecen bastante correctos, serios, y todo sobre las formalidades. Valoran todas las cosas tradicionales y de la vieja escuela. Aman los valores tradicionales de trabajo duro, paciencia, honor y responsabilidad en su sociedad y cultura. Son tranquilos, rectos, reservados y considerados. Desafortunadamente, a menudo son incomprendidos.

El consejero

El consejero es Introvertido, Intuitivo, Emocional, Juzgador (INFJ). Tienen las mentes más brillantes y son altamente creativos. La forma en que piensan las cosas es inusual, y desafortunadamente, su punto de vista es a menudo mal entendido. El INFJ es sobre la profundidad con el pensamiento y el discurso. Tiene que haber contenido en lo que sea que actualmente mantiene su atención. No son de los que se conforman con lo superficial o se dejan llevar por el brillante oropel con el que recubren sus palabras. Siempre están buscando mejores formas de tratar los temas difíciles. Algunas personas pueden pensar que esto es extraño, pero eso es solo la costumbre del INFJ.

El dador

Conozca al ENFJ: Extrovertido, Intuitivo, Emocional, Juzgador. Son del tipo de los que dan. Son muy carismáticos y tienen grandes ideas. Son la persona franca de la sala que está obligada por la ética y los principios. Esto significa que el ENFJ encuentra fácil relacionarse con gente de todas las clases sociales y todos los demás tipos de personalidad. Dependen de sus sentimientos e intuición mucho más que del mundo real. Esta afición por su imaginación puede ser problemática para ellos y para quienes tratan con ellos. No se trata de vivir en el ahora, ya que prefieren perderse en pensamientos abstractos sobre lo que es posible en el futuro.

El artesano

Esta es la personalidad Intuitiva, Sensible, Pensante y Perceptor (ISTP). Tienen un aire de misterio para ellos que nunca se desentraña, dejándolos incomprendidos. Aunque se trata de pensamiento lógico y racional, pueden demostrar entusiasmo y espontaneidad. No es fácil medir sus rasgos de personalidad, comparados con los otros tipos de personalidades. Sin embargo, uno no puede castigarse por eso. Incluso aquellos que están cerca del ISTP no pueden decir con certeza lo que harán a continuación. El artesano es espontáneo, pero también es hábil para ocultar esa espontaneidad del resto, prefiriendo aparecer como responsables y lógicos.

El proveedor

Esta personalidad Extrovertida, Sensible, Emocional y Juzgadora (ESFJ) no puede evitar ser social. Tienen un deseo innato de conectarse con los demás socialmente. No aman nada más que hacer felices a los demás, y son los favoritos de todos. El ESFJ suele ser la estrella del espectáculo, y siempre se presentan para la familia y los amigos, ya sea por necesidades personales o para organizar eventos sociales para que todos se reúnan. El proveedor es querido por la mayoría, y es fácil ver por qué.

El idealista

Introvertido, Intuitivo, Emocional y Perceptor (INFP). Estos introvertidos, como otros introvertidos, son reservados y callados. No, esto difiere de ser tímidos. El idealista preferiría no ser objeto de discusión, especialmente cuando es la primera vez que se conocen. Los encontrará solos, en lugares tranquilos, lo que les permite entender el mundo en el que viven. El INFP es un gran fan de los símbolos y señales, siempre escarbando en ellos para encontrar el verdadero significado de su vida. No es difícil para el INFP perderse en su cabeza. Ellos son El Idealista. Esto puede ser algo bueno cuando ponen sus pensamientos en práctica o algo malo cuando terminan ahogándose en un mar de ideas, fantasías y otros pensamientos.

El ejecutante

Extrovertido, Sensorial, Emocional, Perceptor (ESFP); el ejecutante es justo eso: Un artista. Son muy buenos para distraer y divertir al resto de nosotros, y les encanta estar en el centro de atención. A menudo son los que están en medio de un círculo de gente que se ríe, contando historias de las maneras más interesantes. Son bastante reflexivos e increíblemente abiertos a explorar el mundo. Les apasiona aprender y compartir lo que han aprendido con los demás. Al ejecutante le encanta tener compañía. Son muy buenos en habilidades sociales e interpersonales. La vida de la fiesta, nunca es un momento aburrido con ellos —y lejos de ellos para rechazar la oportunidad de tener todos los ojos puestos en ellos. No deje que esto le desanime. El ejecutante es una persona cálida. Los encontrará muy amigables y generosos. Además, si uno quiere un oído comprensivo, le darán los dos. A esta personalidad le importa cómo está todo el mundo.

El campeón

Extrovertido, Intuitivo, Emocional y Perceptor, el ENFP es individual hasta la médula. No siguen. No se alinean, y no les importa el statu quo. Ellos son los que aman balancear el barco. Encontrarán su propia manera de hacer las cosas. Encontrarán una forma creativa de llevar una corbata aburrida. Sus ideas, hábitos y acciones son todo menos regulares. Al campeón no le gusta la gente que solo colorea dentro de las líneas. Intentar hacer que sigan las reglas establecidas les hará sentir miserables. Sin embargo, el campeón disfruta de estar con la gente adecuada, y nada es más placentero que conectar a nivel intuitivo con los demás. El ENFP es usualmente "todo en sus sentimientos" en la forma en que hacen las cosas. No es algo malo, en realidad, ya que son reflexivos en sus palabras y acciones, y son capaces de percibir el subtexto y las pistas.

El hacedor

El hacedor es Extrovertido, Perceptor, Pensador y Perceptor (ESTP). Son la razón del término "mariposa social". Disfrutan interactuando con la gente y son energizados por las emociones y sentimientos. Ahora, no se apresure a asumir que esto significa que el hacedor es frívolo con la vida. Lejos de eso. Les encanta razonar, usando la lógica para llegar a conclusiones que tengan sentido — siempre y cuando no les impida dejar sus pensamientos vagar alocadamente y hacer lo que se propongan. Para mantener la atención del ESTP, es mejor tener algo más que ideas y teorías abstractas para ellos. Quieren irse, ¡y quieren irse ahora! Quieren actuar. Son de los que probablemente hagan un movimiento y lidien con las consecuencias a medida que se presenten. Para ellos, esto es mucho mejor que sentarse en sus manos o pensar en planes de contingencia.

El supervisor

El ESTJ —Extrovertido, Emocional, Pensador, Juzgador— se trata de valores tradicionales. Les encanta la dedicación. Atesoran la verdad, el honor y el ser organizados. El supervisor tiene una brújula moral extraordinariamente fuerte. Actuarán solo si es correcto hacerlo, y todo lo que hagan debe ser socialmente aceptable. No es fácil establecer claramente la manera correcta e incorrecta de hacer las cosas, pero el supervisor seguramente intervendrá para marcar el camino para todos los demás, dando a conocer sus pensamientos personales. El supervisor es el ciudadano modelo; al que todos acuden cuando necesitan un consejo sensato. Esta personalidad está más que feliz de darle el consejo que necesita.

El comandante

El comandante es un ENTJ - Extrovertido, Intuitivo, Pensador, Juzgador. Ellos tratan de lidiar con todas las cosas a su alrededor usando la disciplina y la lógica. Cuando han satisfecho su necesidad de lógica y disciplina, entonces pueden permitir que su intuición intervenga. El comandante es un líder nato. De todos los tipos de personalidad, el comandante lleva el liderazgo en la sangre. Ellos están de acuerdo en tomar el mando. Borre eso, ellos disfrutan la oportunidad de estar a cargo. El comandante cree en las posibilidades, así que no se dejan llevar por los desafíos que se les presentan. El comandante da la bienvenida a los problemas, viéndolos como una oportunidad para hacer y ser mejor. No temen tomar las decisiones difíciles, en las que siempre piensan mucho. El comandante no espera a que la vida ocurra. Salen y crean oportunidades donde parece no haber ninguna.

El protector

Intuitivo, Sensorial, Emocional, Juzgador, el protector siempre será generoso. Ellos son los filántropos, siempre dispuestos y felices de devolver. Si alguna vez usted fue amable con ellos, entonces le devolverán esa amabilidad multiplicada por siete. Así es como son. Si usted es lo suficientemente afortunado para que el protector crea en usted, entonces confíe en que saldrán a por usted sin ninguna agenda oculta. El protector también sostiene los ideales en los que creen con la misma pasión desenfrenada. Son las personalidades más amables y cálidas que tendrá el placer de conocer. Sensible a la forma en que se sienten los demás, el protector siempre tendrá en alta estima la paz, la cooperación y la armonía. Siempre son considerados con los demás, y muy conscientes de cómo se siente la gente a su alrededor. Además, no pueden evitar sacar lo mejor de todos los que conocen.

El visionario

Esta personalidad Extrovertida, Intuitiva, Pensante y Perceptiva (ENTP) también es rara. Son extrovertidos, pero no les va bien con la charla. Ni siquiera un poco. Debido a esto, no les va bien en las fiestas o en los escenarios sociales, particularmente cuando todos a su alrededor tienen un tipo de personalidad bastante diferente a la suya. El visionario tiene un profundo conocimiento de las cosas. Su inteligencia es incomparable. Estos dos rasgos lo hacen, por lo que necesitan una constante estimulación mental, para no aburrirse. Les encanta tener la oportunidad de hablar de hechos y teorías, sumergiéndose en cada pequeño detalle, asegurándose de hacerlo bien. El visionario es racional, lógico y objetivo en la forma en que se enfrentan a todo. Se acercan a los argumentos de la misma manera, así que si alguna vez usted se encuentra en una pelea verbal con ellos, sepa que ellos esperan que usted sea lógico y racional.

El compositor

Conozca a la personalidad Intuitiva, Sensible, Emocional y Perceptiva. Lo curioso de estos introvertidos es que no siempre parecen introvertidos. Claro, tienen algunos tropiezos y torpezas cuando intentan conectarse con usted por primera vez, pero deles el tiempo suficiente para aclimatarse, y se vuelven muy amigables, cálidos y accesibles. El ISFP es una persona divertida con la que pasar el rato. El compositor es espontáneo, puede actuar por capricho. Uno tendría un gran vínculo yendo a varios eventos con ellos, ya sea planeados o no. El compositor tiene una intención: Aprovechar al máximo la vida. Se trata de estar presente, y esto ayuda a los demás a ver la maravilla de los momentos ordinarios que dan por sentado. El compositor busca nuevos descubrimientos y aventuras. Valora la comprensión de los demás, ya que a menudo obtendrá grandes recompensas de sabiduría de cada encuentro. Así que, aunque sean introvertidos, en realidad les gusta conocer gente nueva más que a otras personalidades introvertidas.

Consejos para identificar cada tipo

1. Los ISFJ, ESFJ, ISTJ y ESTJ hablan de historias y experiencias pasadas. Son prácticos y a menudo con los pies en la tierra. Les encanta recordar la tradición y aprovechar sus experiencias personales. Recuerdan lo que ha funcionado bien y usan esa información cuando es necesario. Les encanta la rutina y encuentran seguridad en ella. Estos tipos son leales, responsables y dedicados. Les encanta apoyar a sus comunidades y familias.

2. Los ESTP, ISTP, ESFP, e ISFP son excelentes para captar todos los detalles que ocurren en el ahora. Son muy conscientes de su entorno y saben cómo hacer que el presente cuente. Son aventureros, están listos para pasar un buen rato, son fáciles de manejar y flexibles. Notará que saben desenredarse con gracia a través de los obstáculos que se presentan físicamente. Tienen una gran conciencia espacial y les encanta comprometerse con el mundo exterior, usando un enfoque práctico. Les encanta interactuar con las ideas y aprovecharán las oportunidades para actuar en ellas.

3. Los INFJ, ENFJ, INTJ y ENTJ están en su mayoría orientados al futuro. Ven el panorama general y descubren las posibles formas en que las cosas funcionarán prestando atención a las pistas, patrones y conexiones que la mayoría de la gente ignora. Se sienten atraídos por lo desconocido, lo místico, lo existencial y lo teórico. Son personas muy decididas, con un enfoque extremo y planes claros para el camino que quieren que siga la vida. A menudo reciben un empujón instintivo sobre cómo funcionarán las cosas, o sobre los pasos a seguir. A menudo, estas corazonadas resultan para bien, aunque parezcan surgir de la nada. Estos tipos son muy intensos, así que no deje que eso le asuste.

4. Los ISTP, ESTP, INTP y ENTP tienen que ver con la lógica. Puede saber quiénes son porque les encanta aprender por diversión, no para impresionar a la gente. No quieren su admiración; no les importa seguir las reglas. Estas personalidades usarán un lenguaje que indica que crean su propio destino como quieren.

5. Los ENTJ, INTJ, ESTJ, e ISTJ, son muy productivos. Es difícil perder su confianza. Planean con antelación, y se dedican a hacer que las cosas sucedan de la manera más eficiente. Quieren poner sus cosas ahí fuera. Notará que son los que no postergan, sino que prefieren hacer las cosas de una manera más rápida.

6. Los INFP, ENFP, ISFP y ESFP son un lote único y auténtico que se preocupa por los valores que tienen. "Sé fiel a ti mismo" es su lema si los observa de cerca. Se trata de hacer un impacto para las causas que les importan. Su moral no tiene nada que ver con el lugar donde están, o lo que dice la sociedad. Son reacios a cualquier vibración falsa. Además, son de mente abierta, muy empáticos, y los mejores oyentes que uno podría esperar tener. No son tan rápidos para compartir sus sentimientos con gente que no han llegado a conocer todavía.

7. Los ISFJ, ESFJ, ENFJ e INFJ son amigables y llenos de empatía. Pueden decir fácilmente cuál es su estado de ánimo o sus emociones. Hacen todo lo posible para mantener la moral alta dondequiera que vayan, con todos los que tratan. No importa con quién hablen, saben cómo entretejer sus palabras de tal manera que lleguen correctamente y tengan un gran impacto. Para ellos, se trata de valores, armonía y ética.

Capítulo cuatro: Los secretos de la lectura rápida

La lectura rápida se trata de averiguar el temperamento o el tipo de personalidad de alguien. Puede averiguar rápidamente el tipo de persona con la que está tratando haciéndole ciertas preguntas. La clasificación de personalidades de Myers-Briggs le da 16 personalidades, pero todas están en cuatro clases principales, así que no se agobie intentando recordarlas todas. Aprender a leer rápido le ayudará a relacionarse mejor con la gente.

Desglosando las categorías de Myers-Briggs

Extrovertido/Introvertido. Esto es lo que le da más energía. ¿Saca su energía de estar con otras personas? Entonces definitivamente usted es un extrovertido. Si no obtiene su energía estando con gente, sino estando solo, entonces es un introvertido. La mayoría de la gente asume erróneamente que la introversión y la extroversión se trata de ser extrovertido o no. No es así en absoluto. Hay introvertidos extremadamente extrovertidos que son muy expresivos, lo crea o no. La introversión y la extroversión se reducen a su fuente de energía.

Sensorial/Intuición. Lo que esta categoría cubre es cómo usted absorbe la información. ¿La absorbe internamente, permitiendo que sus ideas y pensamientos se filtren y burbujeen desde el interior? ¿O es de los que prestan más atención a sus cinco sentidos? Si usted es un "percolador de pensamientos", entonces es intuitivo. Sin embargo, si obtiene su información principalmente del entorno en el que está, dondequiera que esté, entonces usted es "sensorial".

Pensando/Sintiendo. A lo que se reduce es a cómo usted procesa la información que obtiene. ¿Es la persona que mastica hechos, cifras y datos concretos antes que nada? Si esto le sale naturalmente, entonces definitivamente está "pensando". Sin embargo, si normalmente procesa primero cosas como la emoción, el impacto que una cierta acción o evento tendría en otros, valores y cosas de esa naturaleza, entonces está "sintiendo".

Juzgando/Percibiendo. Se trata de cómo decide en su día a día. Si está juzgando, decide más rápido y más pronto. Usted es muy estructurado, y le encanta el orden. Toma decisiones bien informadas mucho antes de lo previsto, y prefiere decidir mucho antes de la fecha límite, y no en el último minuto. De esta manera, puede aferrarse a su estructura y al sentido del orden en su vida. El Juzgador Sensorial, en particular, está loco por las listas, ya que le ayuda a mantenerse organizado. Si usted percibe, por otro lado, entonces eres mucho más flexible que el juzgador. Es tan flexible que tiende a esperar hasta el último minuto para decidir algo. Lo hace porque sigue adquiriendo y procesando información, recursos y conociendo las opciones disponibles para usted.

La razón de esto es simple. Quiere asegurarse de aprovechar al máximo el tiempo que tiene entre el presente y la fecha límite que se avecina para elegir el mejor curso de acción. Siempre está buscando una mejor solución o arreglo que la que está disponible actualmente.

En cuanto al Juzgador, usted es un procrastinador. Sin embargo, eso no es exacto. Lo que realmente sucede es que usted necesita encontrar las mejores opciones porque eso realmente le importa. Y, a menudo, termina encontrando dichas opciones mejores de todos modos.

Esperar hasta el último minuto no le deja estresado. La personalidad de juzgador estaría estresada, teniendo que esperar como lo hace usted. Usted, por otro lado, estaría estresado tratando de decidir temprano o planear, hacer listas y organizarse. Otros dirían que se desempeña bien bajo presión. Probablemente tenga las ideas más brillantes cuando se acerque la fecha límite.

Lo que pasa con estas cuatro categorías de personalidades es que no son en blanco y negro. Son preferencias o su respuesta conductual automática a los eventos de la vida. No es como si fuera estrictamente un introvertido o un extrovertido, o estrictamente un juzgador o un perceptor.

Piense en ellas como su preferencia inicial, o como lo que le inclina más naturalmente a actuar. Por ejemplo, algunos extrovertidos pueden estar bien con estar solos. Algunos de ellos voluntariamente quieren estar solos. Imagínese. Tiene dos manos. Tiene la opción de usar cualquiera, pero solo una mano será dominante a menos que sea ambidiestro.

Otra cosa a tener en cuenta sobre estas categorías es que tienen puntuaciones o notas, de cero a treinta. Para mantener las cosas simples, piense en un rango que va desde una ligera preferencia a una fuerte preferencia. La gente tiene sus preferencias, pero puede pensar en todas estas categorías, y a medida que maduran, piensan en los aspectos más débiles o en las preferencias más leves, lo que les da fuerza.

Leyendo rápidamente a las personas

¿Extrovertido o Introvertido?

Digamos que le hace a alguien esta pregunta: Cuando está cansado después de un largo día y necesita relajarse, ¿prefiere ir a una fiesta en el club, o prefiere ir a casa y estar solo?

Supongamos que respondieran diciendo: "Sí, prefiero ir a una cafetería y estar solo". Esa es una respuesta curiosa que es muy reveladora. Digamos que usted fuera a investigar más, preguntando por qué una cafetería. Podrían decir: "Bueno, me gusta el sonido de otras personas en el fondo, pero eso es todo. En realidad solo quiero estar solo mientras puedo oír a los demás". ¿Esta persona es introvertida o extrovertida? Es extrovertida.

Aquí hay otra pregunta que podría hacer cuando lea rápidamente a alguien: ¿Con qué frecuencia le gusta pasar tiempo a solas? Podrían decir, tal vez el 20 por ciento del tiempo.

Entonces puede seguir con esta pregunta: Cuando está solo, ¿cuánto tiempo le gusta pasar solo hasta que decide que necesita compañía? Incluso entre los extrovertidos, obtendría una variedad de respuestas. Algunos quieren estar solos todo el día. Algunos quieren estar solos solo 30 minutos. ¿Lo ve? Nada es blanco o negro. Estas preguntas le permitirán saber si son extrovertidos o introvertidos.

¿Sensoriales o intuitivos?

Para averiguar dónde se encuentra alguien en esta categoría, pregunte esto: Cuando está aprendiendo sobre su mundo, ¿pasa más tiempo prestando atención a las cosas que puede ver, tocar y oler, o simplemente tiene ideas que empiezan a surgir en su mente y ya no sigue lo que sucede a su alrededor? ¿Qué es lo que mejor le describe?

Otra buena pregunta para hacer: ¿Encuentra frustrante y totalmente confuso cuando tiene que lidiar con demasiada teoría?

Aquí hay otra pregunta: ¿Es mejor para tener ideas originales, o prefiere implementarlas?

Si se trata de una persona sensorial, entonces tiene que comunicarse con ellos en términos concretos. Si se trata de una persona intuitiva, le encanta divertirse con las ideas, pero es muy bueno para tomar una idea abstracta y hacerla concreta —a menos que estén en el extremo del espectro de la intuición, en cuyo caso no se puede hacer nada si no tienen el sensorial alrededor.

¿Pensar o sentir?

Aquí hay una pregunta que puede hacer para averiguar en qué extremo del espectro de pensamiento o sentimiento se encuentra la otra persona:

Cuando está aprendiendo algo nuevo, ¿piensa en los hechos, cifras y otros detalles involucrados, o se pregunta primero cómo afectará esta información a otras personas y a sus emociones y valores?

Tanto el pensar como el sentir son importantes en la sociedad. El pensador puede perderse en su maravilloso mundo de detalles pero se olvida del elemento humano. Aquí es donde el emocional entra en el equilibrio de la ecuación, especialmente en tales industrias que involucran el cuidado.

¿Juzgar o percibir?

Para averiguar qué categoría prefiere alguien, simplemente pregúntele: ¿Prefiere hacer listas y planificar con anticipación, o prefiere mantener las cosas sueltas y sorprenderse a sí mismo?

¿Está estresado por esperar hasta el último minuto para hacer las cosas?

El J y el P son valiosos en la sociedad, ya sea en el trabajo o en casa. Una gran manera de mantener el equilibrio es asegurarse de que siempre existan planes y que esos planes se ejecuten, y luego que exista espacio para la optimización. De esta manera, los juzgadores pueden hacer sus planes y sentirse cómodos sabiendo que han cubierto todas las bases, mientras que los perceptores pueden involucrarse en el proceso de optimización donde pueden ver nuevos ángulos o formas de hacer las cosas.

Si usted entiende la forma en que funciona el núcleo de las personalidades de Myers-Briggs, o cualquier otra clasificación de personalidades, entonces no debería tener problemas en elaborar las preguntas correctas para averiguar dónde se encuentran las personas.

La habilidad de leer a la gente rápidamente es esencial. Así es como puede asegurarse de que exista paz en casa y que en el trabajo, las cosas funcionan como deberían. Es una gran manera de construir el tipo correcto de amistades y asociaciones porque puede cortar todo el desorden y conectar con ellos en un nivel genuino.

Errores comunes al leer a la gente

Leer a la gente no es solo hacer esas preguntas, aunque son útiles. También se trata de estudiar el lenguaje corporal. Sin embargo, no todo el mundo lo hace bien. Aquí hay errores comunes:

- No prestar atención al contexto. Tal vez sus labios están presionados juntos solo porque están secos. Tal vez tienen los brazos envueltos alrededor del pecho porque hace frío. Fíjese en el contexto antes de decidir cómo se siente alguien o qué está pensando.

- No mirar fuera del conjunto. No puede decir que alguien está mintiendo porque miró hacia arriba y a la izquierda o lo que sea. La vida no es un juego de póquer. A menudo, una combinación de acciones le permite saber qué está pasando con alguien. Vea estos comportamientos en grupos, no en solitario.

- No averiguar el comportamiento de base. Si alguien parpadea mucho cuando habla, naturalmente, pero de repente no parpadea, eso debería decirle que algo está mal. Tal vez están mintiendo, o se están conteniendo, o tienen miedo, o están excitados, o algo así. Si no está seguro de lo que es, entonces debería ver el error número uno. Preste atención al contexto.

• No ser consciente de sus prejuicios. Cuando no le gusta alguien, le hará juzgarlo injustamente. Además, cuando la gente le elogia a usted, afectará la forma en que los ve, incluso si es a un nivel inconsciente. Usted debe ser muy neutral cuando intenta leer a alguien porque algunas personas intentarán que los vea de una forma diferente a como son en realidad. Si eso es intencional es otro asunto a debatir.

Capítulo cinco: Cómo leer el lenguaje corporal

La comunicación no se da solo con palabras. Está en las cosas que no se dice. Si quiere tener relaciones satisfactorias en su vida personal y profesional, entonces tiene que aprender a comunicarse. Lo que esto significa es que no basta con hablar el mismo idioma. Tiene que prestar atención a cosas como el tono, la expresión facial y el lenguaje corporal. Tiene que prestar atención a la comunicación no verbal.

¿Por qué es tan importante la comunicación no verbal? Porque a menudo, el lenguaje corporal es la representación más precisa de lo que ocurre en la mente de una persona. Se trata de varias expresiones, manierismos y otras formas de comportamiento físico que envuelven las palabras que se dicen en un rico mosaico con significado.

Todos conocemos la comunicación no verbal, algunos más que otros, por supuesto. Usted podría conversar con alguien y sentir que hay algo raro en ellos. Probablemente está captando señales no verbales, como el contacto visual, el tono vocal, los gestos con las manos, la postura corporal, etc. Saber cómo habla su cuerpo es una habilidad útil porque puede detectar quién es genuino y quién no. También puede comunicarse para fomentar la confianza, la apertura, el respeto mutuo y la vinculación. Incluso cuando usted esté en silencio, sabrá cómo ser. Confíe en mí cuando digo que incluso en su silencio, su cuerpo habla en voz alta.

Cuando las palabras que habla y su lenguaje corporal no coinciden entre sí, hay una falta de congruencia entre ambos, y usted puede parecer deshonesto. En tales situaciones, la gente a menudo va con lo que notaron, no con lo que dijo, ya que no hay un lenguaje más verdadero que el del cuerpo.

Por qué es importante la comunicación no verbal

Para conocer la relevancia de la comunicación no verbal, considere los papeles que desempeña. Primero, cuando usted es honesto, ayuda a fortalecer cualquier mensaje que esté transmitiendo verbalmente.

Cuando alguien está mintiendo, el lenguaje corporal puede ser inmensamente útil. A menudo, contradice las palabras que salen de su boca, así que usted sabe que debe tomarlas con precaución.

Cuando usted no tiene ganas de hablar, o está donde hablar no sería ideal, el lenguaje corporal puede salvar el día. Su expresión y postura que ha adoptado pueden ayudar a la gente a entender lo que le pasa, a veces incluso mejor de lo que las palabras podrían.

La comunicación no verbal actúa como un maravilloso complemento a lo que está diciendo. Por ejemplo, si su colega dijera: "¡Oye, buen trabajo en esa presentación!". Le encantaría eso, naturalmente. Pero, si dijera eso, y le diera una palmadita literal en la espalda, eso le haría sentir aún mejor, ya que comunica con mayor énfasis la sinceridad de su cumplido y adoración por usted. Así de impresionante es la comunicación no verbal. Puede fortalecer o subrayar el mensaje que está transmitiendo.

Formas de comunicación no verbal

La postura y el movimiento corporal pueden comunicar mucho sobre usted a primera vista. La postura no se trata necesariamente de si siempre camina con la cabeza en alto y los hombros hacia atrás porque asistió a una escuela de estudios superiores. Se trata más bien del porte. La forma en que sostiene su cabeza, se sienta, camina y se para. Es la forma en que se mueve y todos los movimientos sutiles que hace, que son muy reveladores sobre usted.

Las expresiones faciales son otra forma de comunicación verbal, a menudo más expresiva que el lenguaje corporal, ya que puede comunicar una gran variedad de emociones y mensajes solo con su cara. Lo bueno de las expresiones faciales es que son universales, permaneciendo iguales sin importar la cultura.

El contacto visual es otra forma clave de comunicación no verbal. El contacto visual sostenido, el poco contacto visual o el contacto visual constantemente interrumpido, dicen varias cosas. Sus ojos pueden mostrar desdén, interés, amor, odio, afecto, confusión, determinación y mucho más. El contacto visual también es una gran manera de determinar si usted quiere seguir involucrando a alguien en una conversación o dejarlo ir ya.

Los gestos son inevitables en la vida cotidiana. Apuntamos, saludamos, hacemos el signo de "relájate", le mostramos el dedo, cortamos el aire con las manos, y todo sin pensar demasiado en ello. Algunos gestos son los mismos en todo el mundo. Otros no. Yo sería cauteloso de hacer la señal de "OK" en Brasil, Rusia, Alemania. Por favor, no lo haga.

El espacio es una forma interesante de comunicación no verbal. Algunas personas no tienen el concepto de espacio personal. A veces, eso es algo cultural. Otras veces es simplemente una incapacidad para leer la habitación. Puede que usted haya tenido una experiencia en la que alguien estaba demasiado dentro de su espacio, y se sintió extremadamente incómodo. O increíblemente cómodo, dependiendo de quién sea. Con el espacio, puede comunicar intimidad, dominio, agresión o afecto.

El tacto es otra potente comunicación no verbal. Piense en esa mano húmeda y flácida que una vez estrechó. Piense en la otra mano que estrechó, la firme y cálida. ¿Ve cómo ambos apretones de mano probablemente afectaron su percepción de la otra persona? El tacto comunica si se trata de un golpe en la mejilla, un abrazo, un agarre en el brazo o una palmada molesta en la cabeza.

La voz es clave en la comunicación. No se trata solo de las palabras, sino de la forma en que las palabras fluyen de usted. Puede leer las voces de las personas y obtener más significado de ellas que lo que están diciendo. El tiempo de su discurso, el ritmo, el volumen, la inflexión y el tono pueden decir mucho sobre lo que la otra persona está sintiendo.

Leyendo el lenguaje corporal

Cuando esté charlando con alguien o dirigiéndose a un grupo, aquí hay cosas que debe tener en cuenta para que sepa que la otra parte está a gusto e interesada en la conversación:

1. El contacto visual es clave. Demasiado puede ser malo como muy poco. Usted quiere el suficiente contacto visual. Si se comprometen visualmente con usted durante muchos segundos cada vez, entonces tiene un público interesado. Cuando alguien le miente, a menudo evitará mantener la mirada. Sin embargo, si alguien tiene el hábito de mentir, deliberadamente mantendrá su mirada por más tiempo para arreglar ese problema. Por lo tanto, si se da cuenta de que alguien le está reteniendo la mirada demasiado tiempo y con demasiada intensidad, es probable que no esté siendo sincero. Otra cosa sobre el contacto visual prolongado es que podría ser amenazador, así que recuerde eso.

2. La postura corporal le hará saber si están interesados o no. Cuando se paran o se sientan en una posición erguida, y ocupan

mucho espacio físico con su cuerpo, significa autoridad y poder. Significa que están muy interesados en la conversación. Cuando habla con alguien, si nota que ha cruzado las piernas o los brazos, puede que no le interese lo que tiene que decir. Sin embargo, hay que tener en cuenta el contexto. Tal vez es frío, por lo que han cruzado los brazos. Tal vez siempre aparentan haber salido en una revista GQ y naturalmente cruzan las piernas como si estuvieran posando para una foto.

3. Las sonrisas genuinas son una ventaja. Es fácil fingir una sonrisa, así que parece que todo está bien, pero puede saber cuándo la están forzando. Con una sonrisa real, los ojos se arrugan en la esquina, mostrando un patrón que se parece a las patas de gallo (se llama literalmente "patas de gallo"). Así es como usted sabe que les encanta hablar con usted.

4. La firmeza de un apretón de manos le permite saber si esta persona quiere participar. Si es un apretón de manos firme, se siente confiado y preparado. Si es débil, puede estar nervioso, o puede ser secretamente despectivo, o desinteresado. Recuerde que un apretón de manos muy firme puede ser un signo sutil de agresión.

5. La cercanía física le permitirá saber lo cómodo que está la otra persona con usted alrededor. Si se paran o se sientan cerca, entonces sabrá que están bien con estar ahí. Si mantienen la distancia, no quieren estar ahí porque tienen algo que hacer o porque les resulta incómodo estar con usted. Esta distancia entre las personas que se comunican entre sí se conoce como proxémica, gracias a Edward T. Hall, un antropólogo. Él dice que hay cuatro niveles de distancia social: de 15 a 20 centímetros muestra una relación cercana y cómoda, donde ambas partes pueden abrazarse, tocarse, susurrarse y compartir cualquier acción íntima. Esta es una distancia íntima. 45 a 120 centímetro es la distancia personal, donde hay miembros de la familia o buenos amigos. La distancia social es de 120 a 350 centímetros, y este es el espacio que los conocidos o compañeros de trabajo suelen tener entre sí. La distancia pública es de 350 a 750

centímetros. Este es el espacio que hay entre un orador y su audiencia en un evento público.

6. Asentir demasiado con la cabeza no es bueno. O bien quieren que se calle ya para que ellos puedan meter sus ideas, o no se sienten seguros estando con usted. Pueden estar nerviosos por lo que usted piensa de ellos.

7. ¿Sus cejas están arrugadas? Si tienen arrugas en la frente, y sus cejas están tratando de encontrarse, significa que se sienten incómodos o están confundidos.

8. Si están nerviosos, desinteresados o aburridos. Es cuando hacen muchos pequeños movimientos innecesarios de la mano, se mueven en su asiento, siguen tocándose la ropa o el pelo, u otras cosas cercanas. Tenga en cuenta el contexto de nuevo, ya que a algunas personas les gusta juguetear con las cosas mientras piensan. No necesariamente significa que estén nerviosos o aburridos.

Más consejos para leer la comunicación no verbal

Parpadear es algo natural. Algunas personas parpadean más que otras, sin embargo, todavía hay mucho que aprender de las señales no verbales. Cuando las personas parpadean demasiado rápido, probablemente se sienten incómodas o angustiadas. Cuando alguien apenas parpadea, es probable que sea una señal de que está haciendo todo lo posible por controlar los movimientos de sus ojos.

El tamaño de la pupila es una forma sutil de leer a alguien, pero válida. Recuerde que la luz en la habitación puede afectar al tamaño de las pupilas. Con eso fuera del camino, es posible que las emociones causen pequeños cambios en el tamaño de las pupilas. Digamos que alguien se siente atraído por usted. Lo más probable es que le den "ojos de dormitorio", en los que sus pupilas se dilatan.

La boca habla de más de una manera. Además de las palabras, se puede decir mucho de la boca de una persona. ¿Se muerden el labio inferior? Entonces pueden sentirse inseguros, preocupados o asustados. Si se muerden el labio inferior con una mirada significativa y coqueta mientras sostienen la mirada, no hay preocupación o miedo en lo que están comunicando. Cuando se tapan la boca, probablemente están cubriendo un bostezo o una tos, o tal vez están tratando de disfrazar su desaprobación.

Si están sonriendo, entonces hay muchas cosas que podrían estar pasando, desde la alegría genuina a la falsa felicidad, el cinismo y el sarcasmo. Fíjese en sus labios: ¿Están fruncidos? Entonces podrían estar desaprobando, encontrándole a usted o lo que dice desagradable, o podrían estar desaprobando. Si sus labios están levantados, entonces se sienten felices. Si están hacia abajo, pueden estar tristes, o pueden no aprobarlo. También podría ser una mueca pura.

Gestos como un puño cerrado podría ser una muestra de solidaridad o de ira. Una señal de pulgar arriba significa aprobación, mientras que los pulgares abajo significan desaprobación. El signo V, donde los dedos medio e índice se levantan y se separan, significa victoria o paz. Si está en Australia o en el Reino Unido, es ofensivo. El gesto de OK, donde su pulgar y su índice se tocan para formar un círculo mientras que los otros tres dedos se extienden, significa "bien" o "de acuerdo". Hay partes de Europa donde significa "no eres nada". Si lo usa en los países sudamericanos, entonces tiene un significado vulgar.

Las piernas y los brazos son importantes. Los brazos cruzados significan que se sienten a la defensiva. Cruzar las piernas lejos de usted significa que no les gusta, o que no se sienten cómodos con usted. Brazos extendidos que ocupan más espacio es confiado, ya que inconscientemente se hacen más grandes, y por extensión, más dominantes. Por otro lado, los brazos que se acercan al cuerpo son una forma de mantener la atención lejos de ellos mismos o una indicación de que se sienten pequeños o amenazados. Estar de pie con ambas manos en las caderas puede ser una señal de que se sienten agresivos, o de que tienen el control. Las manos agarradas por detrás de la espalda pueden significar ira, aburrimiento o ansiedad. Los dedos que se mueven rápidamente pueden significar frustración, aburrimiento o impaciencia. Las piernas cruzadas podrían significar que les gustaría tener algo de privacidad, o que están cerradas a usted.

Sentarse derecho significa que están prestando atención. Si están encorvados hacia adelante, entonces son indiferentes o se aburren. Una postura cerrada donde esconden su tronco, brazos y piernas cruzadas, podría significar que no se sienten amigables, o que son hostiles, o están ansiosos. Cuando tienen una postura abierta, mantienen el tronco del cuerpo expuesto, mostrando que están abiertos, ansiosos, dispuestos y amigables.

Capítulo seis: Cómo analizar la escritura

Al igual que su cuerpo habla, también lo hace su caligrafía. Una gran sorpresa, ¿verdad? Son solo palabras en el papel. No, es mucho más que las palabras que escribe. Su caligrafía puede ser un claro indicativo de cómo se sintió en el momento de escribirla, o de cómo es usted en general. Puede ofrecer una línea de base para averiguar su personalidad, sentimientos, carácter e intenciones. La ciencia del análisis de la escritura se conoce como grafología.

Cosas a tener en cuenta sobre la grafología

1. Tómelo con pinzas. No asuma que alguien es un ladrón solo porque tiene la escritura torcida. Los grafólogos dicen que pueden encontrar su personalidad en su escritura. Esto es cierto, pero solo hasta cierto punto. También debe recordar que usted no es un verdadero experto en grafología, y que hay muchas otras cosas que suceden con la escritura que los grafólogos consideran antes de juzgar a las personas basándose en su escritura. Por favor, no juzgue a las personas basándose solo en su escritura. Si lo hace, manténgase alejado de los médicos, ya que son legendarios por su letra ilegible. ¿Lo ve? No tiene ningún sentido.

2. Necesitará una muestra de escritura adecuada. Lo ideal sería escribir en cursiva en papel sin rayado. Recuerde, sin embargo, que no todos aprendieron a escribir en cursiva, así que no asuma que son unos psicópatas por escribir directamente sin adornos. Si quiere analizar la escritura de alguien, necesitará más de una muestra. Consiga unas cuantas, asegurándose de que cada una fue escrita con horas de diferencia. Lo que pasa con la escritura es que cambia dependiendo del estado de ánimo y las circunstancias. Tener varias muestras le ayudará a obtener una línea de base de cómo es su escritura.

3. Note la presión de los trazos de escritura. Algunas personas presionan con fuerza mientras escriben, de modo que si usted fuera ciego, probablemente podría leerlo todo con solo sentirlo. Otros escriben con ligereza. Se nota porque las marcas en el papel serán mucho más ligeras, y puede que ni siquiera sienta nada en el otro lado. Según los grafólogos, los que "presionan" son los que tienen una gran energía, emocionalmente. Podría significar que son sensuales, intensos o vigorosos. Los que "presionan promedio" son supuestamente calmados y con los pies en la tierra. Tienen una gran capacidad de memoria y una gran percepción. Los que "presionan poco" son supuestamente introvertidos o aquellos que vibran con baja energía.

4. Note la inclinación de los trazos de escritura. Cuando se trata de la cursiva la mayoría de la gente escribirá con una inclinación hacia un lado o hacia el otro. Puede centrarse en las letras que tienen aros en la parte superior, como la h, la b y la d para averiguar con qué tipo de "inclinación" está tratando. Los que se "inclinan a la derecha" son aquellos que están contentos de escribir, y escriben rápido y con energía. Según los grafólogos, esto significa que son confiados y asertivos. El que se "inclina a la izquierda" no está dispuesto a escribir o está ocultando sus emociones. Según los grafólogos, estos escritores no cooperan tan bien como los que se inclinan hacia la derecha. Un escritor "sin inclinación" aparentemente tiene sus emociones en

control. Sin embargo, estos puntos no necesariamente se aplican a las personas que son zurdas.

5. Revise la línea de base de la escritura. Además de recoger varias muestras, tendrá que ir un paso más allá asegurándose de que no están escritas en hojas rayadas. A menudo, la gente no escribirá en línea recta si no hay líneas en el papel. Usando una regla recta a través de su colección de muestras de escritura, puede comparar el ángulo de cada frase escrita. Según los grafólogos, escribir hacia arriba muestra un estado de ánimo feliz, y optimista. Escribir hacia abajo podría significar fatiga o simple desánimo. Si la escritura es ondulada, es decir, hacia arriba y hacia abajo, podría significar que el escritor es incierto, inestable o inexperto.

6. Fíjese en el tamaño de las letras. Cuando el escritor usa letras pequeñas, puede significar que es introvertido, solitario o ahorrativo. Las letras grandes implican una naturaleza amistosa y extrovertida.

7. Observe el espacio entre las palabras y las letras. Si la escritura hace uso de todo el espacio que puede, manteniendo las cosas juntas, entonces los grafólogos dicen que el escritor podría ser introvertido o consciente de sí mismo. Si arrastran las letras, significa que son independientes y generosos. En cuanto a los espacios entre las palabras, cuanto más cercanas están, más le gustan las multitudes al escritor. Los espacios más grandes aparentemente significan que tienen pensamientos organizados y claros.

8. Preste atención a la forma en que las letras se conectan. Los grafólogos son de la opinión de que hay una gran cantidad de información que se puede obtener de la forma en que un escritor conecta sus letras. El problema es que hay muchas maneras en que la gente escribe en cursiva, por lo que es difícil llegar a una conclusión al respecto. Sin embargo, aquí hay cosas que los grafólogos dicen: Los escritores que utilizan guirnaldas (curvas en forma de tazas, abiertas en la parte superior) son cálidos y fuertes; los escritores que utilizan curvas descendentes o arcadas son más creativos, ya que estas curvas son dignas y más lentas de escribir; y los escritores que utilizan hilos,

donde el trazo de la pluma se hace cada vez más ligero hacia el final de la palabra, o donde hay puntos de arrastre, son supuestamente apresurados y descuidados.

Otra forma de analizar la escritura

La grafología no es la única forma de estudiar la escritura. También se puede hacer uso del análisis forense de documentos, que a menudo se confunde con la grafología. Con este método, a veces se pueden obtener pistas sobre el sexo de la persona, la edad y otras cosas así, pero no trata de averiguar su personalidad. Lo que se utiliza es para averiguar los casos de falsificación y comparar la escritura con cosas como notas de rescate u otras pruebas.

Debe obtener todas las muestras que necesite voluntariamente, con la misma tinta y el mismo papel. Cuando practique sus análisis, necesitará que sus amigos escriban el mismo texto largo. Déjelos que lo escriban al menos dos veces en dos hojas de papel. Cuando termine de recogerlos, júntenlos, y luego puede seguir adelante con los métodos que siguen para hacer coincidir cada par con precisión.

Análisis forense de documentos en la práctica

1. Los investigadores criminales usarán no menos de tres muestras cuando se trate de una carta completa, o usarán más de 20 muestras si están trabajando con una firma. Haga lo mismo.

2. Empiece por buscar las diferencias entre las cartas. A menudo es un error de novato empezar a buscar similitudes, y luego asumir que se trata del mismo escritor sin llevar a cabo ninguna otra investigación. Así que, su primera tarea es buscar todas las diferencias entre las letras antes de pasar a buscar las similitudes.

3. Compruebe la alineación de base usando la raya del papel o una regla bajo la escritura cuando trabaje con papel sin rayas. Algunos escritores escriben por debajo de la raya, mientras que otros escriben por encima. Algunos lo mantienen nivelado en todo, mientras que otros están arriba y abajo.

4. Registre el espacio entre cada letra. Esta es la manera más objetiva de hacer sus comparaciones. Necesitará una regla con una medida milimétrica para poder medir cuánto espacio hay entre las palabras y las letras. Si hay mucha diferencia en el espacio, entonces podría significar diferentes escritores. Esto es más que probable si hay una muestra de escritura donde las palabras están conectadas con los trazos de la pluma, y otra muestra tiene espacios.

5. Note la relación en altura entre las letras. ¿Tiene el escritor el hábito de escribir sus K o L cursivas por encima de las otras letras, o tienen la misma altura? A menudo, este es un indicador mucho mejor que el ancho del lazo y la inclinación de la letra.

6. Ahora es el momento de comparar las formas de las letras. Hay muchos conectores, bucles, curvas y terminaciones de letras que permiten distinguir a los escritores. Lo largo y lo corto de esto es, debe revisar un escrito largo, y luego compararlo con una muestra de otra persona. Primero, busque las distintas versiones de una letra en una sola muestra, para que pueda ver las diferencias en las que no puede confiar. Nadie escribe de la misma manera en el mismo documento en todas partes. De esta manera, puede descartar lo que no puede usar. A continuación, busque una letra prácticamente igual cada vez que aparezca. Las personas que escriben en cursiva suelen utilizar la versión en cursiva de la letra, un único trazo vertical, o bien utilizan ese trazo, pero añaden barras transversales en la parte inferior y superior.

7. Si se siente como Sherlock, podría buscar deliberadamente signos de falsificación haciendo que sus amigos firmen como alguien más, y luego ponerlos todos en una pila junto con el original. Aquí hay cosas que debe saber sobre las falsificaciones: Debido a que el

falsificador tiene que escribir lentamente para copiar la firma correctamente, podría haber temblores e inconsistencia en el grosor de las líneas. Las firmas reales tendrán un cambio en el grosor de las líneas a medida que se acelera y se reduce la velocidad cuando se firman cosas. Además, cuidado con los levantamientos del bolígrafo (pequeños huecos que aparecen en la firma) y las manchas de tinta, que ocurren naturalmente porque el falsificador se detiene o vacila. Puede encontrarlas al principio y al final de la firma falsificada, o incluso entre las letras. Además, intente firmar su propia firma no menos de cinco veces. Notará que varía cada vez. Si nota que hay dos firmas demasiado similares, que coinciden en cada línea y curva, entonces es probable que una de ellas sea la falsa.

Hechos divertidos de la grafología

1. La altura de la barra en la letra "t" dice mucho de uno. Cuando la barra de la letra "t" está encima de las letras que la preceden y la siguen, muestra que es optimista. Esto es especialmente cierto cuando la barra también tiene una inclinación hacia arriba. Significa que es la persona que alcanza sus metas, sin importar qué. Una barra de T baja no es algo bueno, especialmente si es más baja que las letras anteriores y posteriores. Significa que subestima sus habilidades, y que no cree en sí mismo. Tiene baja autoestima, según los grafólogos. Si tiene una inclinación hacia abajo de la barra de la T, entonces es aún peor porque significa que está deprimido, según Mike Mandel, grafólogo e hipnotizador.

2. Las zonas inferiores son muy reveladoras. Es donde los bucles de una palabra bajan y están debajo de las letras. Piense en la letra minúscula g, o la y, por ejemplo. Según Mike Mandel, cuanto más grande es el bucle, más amigos necesita. Cuanto más pequeño es el bucle, menos amigos necesitas en su vida. La persona que escribe una g sin un lazo ni siquiera está interesada en los amigos cercanos. Puede que tengan uno, o ninguno, y eso es todo para ellos. Están de acuerdo

en hacerlo todo solos cuando lo necesitan. El escritor de bucle más grande necesitará más gente, o no podrá hacer frente a las cosas.

3. El tamaño de su bucle puede revelar su apetito sexual. Una vez más, aquellos con bucles grandes tienen un apetito sexual fuerte y saludable. Tienen un deseo de cosas, dinero, comida y cosas buenas de la vida. Algunos no tienen un bucle cuando escriben, sino que dibujan la línea recta hasta un punto definido, y luego un gancho curvo de vuelta a la izquierda. Según Mike Mandel, esto se llama la garra del delincuente. Aparece en la escritura de no menos del 80 por ciento de los delincuentes en el sistema penitenciario americano. Mandel dice que la garra del delincuente es una señal segura de manipulación y es una señal peligrosa.

4. Los grafólogos no juzgan a las personas basándose en una sola letra o en un trazo. Eso no es suficiente para etiquetarlos como cuerdos o psicóticos. Tampoco puede juzgarlos por cosas que hayan escrito en una pizarra con tiza o un marcador. Estudian a las personas basándose en su escritura habitual, preferiblemente escrita mientras están sentados, cómodos, escribiendo en una hoja de papel sin rayas, y su lápiz o bolígrafo preferido. El objetivo es que escriban de manera que refleje, lo más posible, su método habitual de escritura.

5. "Escritura rara es igual a gente rara; zonas inferiores raras, persona muy rara", dice Mike Mandel. Tiene la garra del delincuente, pero cuando la zona inferior es algo particularmente rara, tal vez con varios bucles raros, entonces está tratando con alguien con impulsos sexuales raros y desviación sexual en los grados más extremos.

6. La firma que tiene es la personalidad que le da al mundo, no su personalidad real. No es usted. Así que, cuando se entra en una relación de negocios o personal con alguien, se quiere saber que su escritura y su firma se parecen. Si se parecen, significa que esta persona es directa, y lo que se ve es lo que se obtiene cuando se trata de ellos. Si la escritura es legible, pero la firma es extraña, y por todas partes, están ocultando algo sobre sí mismos y no son honestos sobre quiénes son. Podría ser en defensa propia.

7. Las firmas pueden decir si un matrimonio está en problemas. Cuando una mujer se casa con un hombre y adopta su apellido, el espacio que pone entre su nombre y el apellido de él muestra cuán cerca o lejos está en su mente.

8. Una firma también puede hacerle saber si hay un problema entre el escritor y su familia. Si firman con su nombre y apellido, y tachan su apellido, pueden justificarlo como un estilo o decir que así lo han escrito siempre. Sin embargo, en un nivel inconsciente, lo han tachado porque no tienen ninguna conexión con su familia o desean distanciarse de su padre o madre o de otros parientes. Básicamente, no se conectan con sus seres queridos, según Mike Mandel.

Con una formación adecuada en grafología, usted puede aprender las cosas fascinantes de la gente basándote solo en su escritura, y casi podría hacerle parecer como si fuera psíquico. ¡Pero no hay nada de magia aquí! Todo se reduce a la ciencia pura y a la investigación.

Por qué leer la escritura a mano es una habilidad útil

Nos ahorraría muchos problemas si pudiéramos averiguar quiénes son las personas basadas en las burbujas de pensamiento que aparecen en la parte superior de sus cabezas. Imagine que supiera todo lo que alguien es, desde el principio. Sabría si quiere salir con ellos, así que nunca tendría que lidiar con una innecesaria angustia. Sabría si debe confiar en un adolescente para que cuide a su hijo o si sería mejor llevarlo al trabajo y arriesgarse a molestar a su jefe y compañeros de trabajo.

Si supiera desde el principio con quién estás tratando, entonces sabría si prestarles ese dinero, o si quiere entrar en una relación de negocios con ellos. Lamentablemente, no hay forma de ver la esencia de alguien (aparte de los ojos, tal vez). Por lo tanto, necesita confiar no solo en lo que dicen, sino también en señales no verbales y otras cosas como la escritura.

Cuando tiene el conocimiento profesional que tienen los grafólogos expertos, puede ser mucho más fácil para usted averiguar con quién está tratando. De nuevo, no estoy sugiriendo que evite a alguien basándote en la información que obtiene de este libro. Estoy diciendo, sin embargo, que sería más cauteloso con quién está tratando, y probablemente se ahorraría dólares y tiempo perdido.

El análisis de la escritura puede ser útil cuando se trata de averiguar a quién contratar para un determinado trabajo, de modo que sepa que va con la persona que probablemente sea más productiva y menos dolor de cabeza. Puede ser útil para comprender a las personas con las que trata, y si vale la pena discutir con ellas o tratar de explicarles las cosas. Puede que conozca a algunas personas que siempre están buscando pelea, sin importar qué. Simplemente no hay razonamiento con ellos. Si usted tuvo la oportunidad de evaluar su escritura antes de comprometerse con ellos, y conoce la ciencia de la grafología, probablemente se ha ahorrado un dolor de cabeza o dos. Por eso es que el análisis de la escritura es importante. Puede ayudarle a entender a la gente y hacer la vida mucho más fácil.

Capítulo siete: Lectura de la mente con programación neurolingüística

Si quiere hacer un trabajo estelar leyendo la mente de otras personas, entonces debería ver a la programación neurolingüística. Para entender la programación neurolingüística (PNL), veamos las tres partes básicas del término. "Neuro" es la abreviatura de neurología y es básicamente los aspectos físicos, emocionales y mentales de la función cerebral. El término "lingüístico" se refiere al lenguaje que usa, y a cómo se comunica con los demás, y aún más importante, a la forma en que se comunica con ellos. La programación es la forma en que sus pensamientos, emociones y experiencias pasadas afectan cada aspecto de su vida. Así que, para resumir, la PNL es el lenguaje de su mente.

PNL en acción

Hay tres elementos clave en la PNL:

- Modelado
- Acción
- Comunicación efectiva

Si alguien puede averiguar cómo alguien más termina sus tareas, entonces puede copiar ese proceso, y también puede dejar que otros sepan cómo terminar esas tareas.

Todo el mundo tiene una visión de la realidad que es personal. Los practicantes de PNL analizarán críticamente sus perspectivas, y las de los demás para poder tener una visión holística de un evento o situación. Una vez que pueda captar las variaciones en las perspectivas, obtendrá información valiosa. No hay mejor manera de aprender esta información que aprovechando su mente y su cuerpo, sumergiéndose en estas experiencias.

Lectura de la mente en PNL

El proceso de lectura de la mente en PNL implica asumir que usted es muy consciente de lo que alguien más siente o piensa en cualquier situación particular. La verdad es que nadie podría saber nunca la totalidad de sus pensamientos y emociones. Pueden tener una coincidencia cercana, pero no el cuadro completo. Por lo tanto, si alguna vez ha estado seguro de saber cómo se siente alguien o qué está pensando, entonces está leyendo la mente, algo complicado que puede meterle en problemas.

Al leer la mente, debe tener en cuenta las partes de la experiencia de la otra persona que puede verificar con sus propios sentidos. Una vez que usted asume que conoce cada pequeño pensamiento en su cabeza, entonces olvida que el pensamiento que conoce es en realidad su pensamiento, y no necesariamente un reflejo de la realidad objetiva.

Cómo leer la mente

A veces, creemos saber cuáles son las intenciones de los demás en base a la forma en que actúan o no actúan. Podríamos asumir que alguien está realmente interesado en nosotros, o que no lo está, o que nos quiere atrapar. La lectura de mentes en PNL revela que "el mapa no es el territorio", como dice una presuposición de PNL. Todos hemos cometido errores cuando se trata de sacar conclusiones sobre la forma en que los demás se sienten o sobre por qué eligieron hacer ciertas cosas. Con nosotros mismos, juzgamos en base a la intención. Con los demás, juzgamos en base a las acciones.

También olvidamos que nadie es un lector de mentes en el *sentido real del término*. De alguna manera esperamos que nuestro ser querido sepa sin usar nuestras palabras que estamos enojados porque olvidaron sacar la basura otra vez, o que apreciamos la increíble cena que prepararon. Esto puede causar muchos problemas, porque si ambas partes esperan que el otro de alguna manera siempre sepa lo que está en su mente sin comprobarlo, entonces hay mucho espacio para el malentendido.

¿Cómo PUEDE leer la mente de la gente?

Tenemos que discutir el acceso a las claves. Cuando la gente está pensando en algo, a menudo muestra alguna acción sutil que le permite activar la representación correcta de lo que está pensando. Pueden mover los ojos, cambiar de posición, respirar de forma diferente, hacer ciertos gestos, cambiar la entonación, etc.

Estos comportamientos son pistas útiles que usted puede seguir, para saber cómo podrían estar a punto de responder a un evento o a usted. Estas señales no le dirán lo que están pensando, pero le permitirán saber cómo piensan.

Por ejemplo, si alguna vez usted ha visto a alguien que está haciendo caras, rascándose, sin aliento, usando sonidos onomatopéyicos o haciendo gestos con las manos que le son familiares, puede que no le atribuya ningún significado a estas acciones por sí mismas. Sin embargo, puede saber qué proceso real está ocurriendo con su mente cuando hacen estas cosas.

A medida que practique la PNL, descifrará estos comportamientos fácilmente, y esto lo pondrá en posición de afectar la forma en que los demás piensan. A continuación presentamos patrones que usted debe conocer:

1. Modo auditivo accediendo a las pistas: Aquí, los ojos y la cabeza se inclinan hacia los lados, todos los gestos ocurren a nivel de los oídos, y la respiración es diafragmática. La velocidad de su habla cambiará entre rápida y lenta, y su entonación subirá y bajará.

2. Modo cinestésico accediendo a las pistas: Aquí, los ojos y la cabeza están abajo. Todos los gestos están dirigidos al cuerpo, y la respiración está abajo en el vientre. Su habla se vuelve más lenta, y su entonación va más profunda.

3. Modo visual accediendo a las señales: Aquí, los ojos y la cabeza están arriba. Todos los gestos se harán hacia arriba, o por encima de los hombros. Respiran en la parte superior del sistema respiratorio (los pulmones), y sus ojos están medio cerrados. Además, la voz sube de tono y velocidad.

Practique el acceso a las claves

¡Va a necesitar un amigo para esto! Cuando termine, pida que le haga saber lo que hizo después de cada paso. Quiere que preste atención a lo que pasó con su expresión facial, su postura, sus gestos, su respiración y su tono de voz.

1. Recuerde algo divertido que hizo o de lo que formó parte.

2. Preste atención a las sensaciones físicas que tuvo de esa experiencia.

3. Ahora, deje que las sensaciones se vayan.

4. A continuación, piense en las imágenes relacionadas con su experiencia.

5. Ahora, deje que las imágenes se vayan.

6. A continuación, preste atención a los sonidos relacionados con su experiencia.

7. Ahora, deje ir a los sonidos.

Ahora, es hora de cambiar de lugar.

¿Quién usa la PNL?

La PNL se utiliza en círculos de autoayuda y terapia, y en formas complicadas como la tecnología bancaria de la IA para descubrir si es probable que las personas que nunca han pedido un préstamo o incluso han tenido una cuenta bancaria puedan pagar sus deudas. Es así de asombroso.

En la PNL, el mapa no es el territorio porque a menudo mostrará las marcadas diferencias entre la realidad y las creencias. Cada persona actuará basándose en su perspectiva de las cosas, no en la pura objetividad. Hay tantos mapas como personas. Por lo tanto, es el trabajo de los terapeutas de PNL averiguar cómo es su mapa, y la forma en que este mapa puede afectar sus pensamientos y acciones.

El terapeuta utiliza la PNL para ayudar a las personas a entender sus patrones de comportamiento y de pensamiento, sus aspiraciones y su estado emocional. Armados con esta información, pueden ayudar a sus pacientes a mejorar las habilidades que los benefician y desarrollar formas de dejar los hábitos que son improductivos.

Técnicas hipnóticas de lectura de la mente

1. El eco retardado: A la mayoría de la gente le gusta hablar de sí mismos, y mientras lo hacen, invariablemente se aprende algo sobre ellos. Usted se entera de cosas como el nombre del gato de su primo, lo que hicieron en Ciudad del Cabo durante el verano, y todo tipo de información. A menudo, lo mencionan de pasada, así que finalmente olvidan que lo mencionaron. Aquí es donde se llega a "leer la mente" prestando mucha atención. ¿Qué debe hacer usted? Recordar cada hecho. Haga lo mejor que pueda para no llamar su atención sobre la información que compartieron. De inmediato, hable de cualquier otra cosa además de ese pedazo de información. Dele unos cinco minutos, cuando deben haber olvidado lo que le dijeron. Finalmente, mencione el gato o las experiencias de las vacaciones, pero use frases y palabras diferentes a las que usaron para compartir esa información con usted. De esta manera, será literalmente su eco retardado. Al usar un lenguaje diferente, parece que de alguna manera captó sus experiencias, como si tuviera una bola de cristal o algo así.

2. Adulación: La gente encuentra halagador cuando uno puede verlos por lo que son por dentro. Al describirlos, su descripción puede no ser exacta, pero a menudo esos rasgos de los que habla son relacionables y fáciles de identificar. ¿Estoy abogando por que le mienta a alguien sobre ellos? No. Importa que su adulación se base estrictamente en la verdad. No solo es honesto, sino que el oyente también es probable que le crea por ello. Daré algunos ejemplos aquí, pero por favor recuerde que funcionan particularmente con la cultura occidental. Cuando se trata de personas de otras culturas, puede que no funcionen —o que no sean aceptables. Los rasgos generales que se pueden asumir de alguien incluyen la amabilidad, el trabajo duro, la inteligencia, la confianza, los recursos, la lealtad y la honestidad. Los rasgos que se pueden asumir como verdaderos de las mujeres son la ayuda, la percepción, la subestimación, la intuición, la sensibilidad. En cuanto a los hombres, puedes asumir que sus rasgos incluyen, racional, independiente, confiado, excelente habilidad para resolver problemas, práctico.

3. Cubrir todas las posibilidades (CAP): Esta "técnica de lectura de la mente" es como la anterior, excepto que se elige dos rasgos opuestos. Quiere asegurarse de elegir rasgos generales, no hechos que puedan ser cuantificados y por lo tanto desmentidos. Por ejemplo, podría decir: "Te encanta escuchar a la gente, pero a veces puedes impacientarte un poco". Esta declaración general podría aplicarse a cualquiera. Ellos la aceptarán porque primero usted ha destacado el lado positivo de ellos, lo que quita el aguijón a su observación negativa. Por lo tanto, muchas de las lecturas del horóscopo parecen ser muy precisas. Al hacer estas afirmaciones, puede que quiera añadir humor para que sea aún más fácil de aceptar para el oyente.

4. El efecto Barnum: Se llama así por el famoso líder de circo, PT Barnum. Aquí, usted hace una declaración muy específica, sin embargo, es una que podría aplicarse a casi cualquier persona. Comienza haciendo una declaración general, y luego observa su reacción. Basándose en esta reacción, puede pasar a declaraciones más específicas. Así es como funcionaría: "Eres una persona amable —[espera la reacción]— no importa cuán mal salgan las cosas; siempre buscas lo mejor en la experiencia. Tiendes a encontrar oportunidades donde otros no lo hacen y sacas lo mejor de lo que tienes". Ahora, intentemos esto de nuevo, pero con la presunción de que la reacción es negativa: "No tienes miedo de soñar —[espera la reacción]— pero también eres muy práctico. No dejas que tus sueños se queden en sueños. Te encanta arraigar todo lo que haces firmemente en la realidad, y por eso vas a lugares". Si usted es muy astuto, se dará cuenta de los ejemplos que utilizan tanto el método de la adulación como el método CAP. Ahora, quiere asegurarse de que también utiliza rasgos de personalidad negativos al describirlos, para que no parezca estar complaciendo o haciendo saltos absurdos. Podría empezar diciendo: "Tiendes a ser duro contigo mismo", o "Tienes mucho talento para guardar rencores indefinidamente", o "Hay cosas que has hecho en el pasado de las que te arrepientes profundamente".

5. Las siete edades del hombre: Esto también se llama "experiencias universales". Con esta técnica, usted se apoya fuertemente en las cosas que todos hemos pasado en varios puntos de nuestras vidas. Básicamente, busca lo que la gente puede estar pasando en este momento en función de su edad. Recuerde que los ejemplos a seguir se basan en la cultura occidental. A veces, ciertos ejemplos se consideran fuera de moda, así que quiere recordar eso. Aquí están las siete edades del hombre:

18 a 22: En este momento, usted sale de casa, y explora muchos estilos de vida. Quiere demostrar que puede triunfar en el mundo de los adultos.

22 a 30 años: O está buscando una aventura o construyendo un nido. O evita el compromiso o lo busca activamente. Además, la carrera importa mucho.

30 a 35: Está reevaluando todo lo que ha hecho con la vida. Si todo lo que hace es una aventura, piensa en sentar cabeza. Si lo que le interesa es construir un nido, se pregunta qué es lo que sus compromisos le impiden.

33 a 45: Las infames crisis de la mediana edad. O bien finalmente rompe sus compromisos para buscar nuevas aventuras, o finalmente se establece para tener la familia de la que has estado huyendo. Siente, erróneamente, que se le acaba el tiempo y que la vida le pasa de largo, así que quiere aprovecharla al máximo.

45 a 55: Su carrera está terminando. Todo se reduce a lo bien que maneja sus crisis de mediana edad. Si lo hizo bien, significa que habrá experimentado un maravilloso renacimiento. Si no, sentirá que no hay esperanza, y se decepcionará de sí mismo.

55 a 75: Ha terminado con el trabajo. Ahora tiene más tiempo, recursos y libertad para viajar, explorar y divertirse. Tiene menos responsabilidades. Sin embargo, la salud podría convertirse en un problema. Sus amigos mueren, y empieza a sentirse solo.

Armado con estos hechos, puede tener acceso por la puerta trasera a los pensamientos de alguien. Puede que no sepa totalmente su edad, pero puede hacer una estimación aproximada y leerla basándose en ella.

Capítulo ocho: Psicología oscura - Reconociendo la tríada oscura

"Algunos hombres solo quieren ver arder el mundo". ¿Recuerda esa cita de Alfred Pennyworth? Bueno, es acertada. Hay aquellos con los que es difícil vivir, no importa lo que uno haga. Pueden ser arrogantes, con una tendencia a ser volubles y dominantes, pero se puede trabajar con ellos para ayudarles a mejorar enfocándose en sus fortalezas y neutralizando los rasgos menos deseables que tienen.

Sin embargo, hay otra clase de personas que viven solo para ver un mundo en llamas. Tienen comportamientos tóxicos y dañinos, envenenando y destruyendo a los que les rodean, de todas las maneras posibles. Los tres rasgos de estas personas son los únicos componentes de la "Tríada Oscura", un término acuñado por los psicólogos. Aquí están los rasgos:

- Narcisismo
- Maquiavelismo
- Psicopatía

Ahora describamos cada una de ellos lo mejor que podamos.

Narcisismo: La palabra "narcisismo" proviene de la mitología griega. Había un cazador llamado Narciso, que se había enamorado profundamente de su reflejo, que había visto por casualidad en un charco de agua. Se enamoró tan profundamente que cayó al agua y se ahogó. Los narcisistas son egoístas, faltos de empatía, arrogantes, presumidos y demasiado sensibles a las críticas.

Maquiavelismo: Esta palabra existe gracias a Nicolás Maquiavelo, un político y diplomático italiano del siglo XVI. Escribió un libro llamado "El Príncipe" en 1513, y estaba básicamente inundado de alabanzas al engaño y la astucia en asuntos diplomáticos. Los rasgos maquiavélicos incluyen la manipulación, la duplicidad, el interés propio y la falta de moralidad y emoción.

Psicopatía: Los rasgos de la psicopatía incluyen comportamiento antisocial, falta de remordimiento y empatía, y ser volátil y manipulador. Recuerde que hay una diferencia entre ser un psicópata real y simplemente tener rasgos psicopáticos. A menudo, los psicópatas se involucran en la violencia criminal.

Todas estas personalidades son increíblemente difíciles de leer. El narcisista, por ejemplo, ha dominado el arte de parecer sincero y verdadero cuando es necesario. Son maestros en reflejar lo que uno quiera ver. Entonces, ¿cómo se puede detectar a estas personas?

Cómo detectar al narcisista de su vecindario

El narcisista rezuma encanto como nadie. Un estudio demostró que solo se podía ver a través de su humo y sus espejos la séptima vez que se los encuentra. Enamorarse de ellos puede arruinarle a usted. Literalmente, tomarán a una persona muy segura de sí misma con una alta autoestima y la convertirán en una versión irreconocible. Aquí están los sellos del Trastorno Narcisista de la Personalidad:

1. Un gran sentido de la autoimportancia, donde sobrevaloran sus talentos, habilidades y logros. El narcisista quiere que usted sepa lo impresionantes que son. Si aún no han logrado nada, se jactarán de cómo lo harán. Necesitan ser constantemente apreciados, reconocidos y validados.

2. Sueños y aspiraciones de éxito ilimitado, poder, belleza, brillantez, o amor "ideal".

3. Una necesidad de admiración constante y excesiva. En cuanto al narcisista, su trabajo es hablar de sí mismo, y el suyo es escuchar. No preguntará por usted. Cuando usted comente algo de su propia vida, rápidamente vuelven a centrarse en sí mismos. Esto puede volverse rápidamente molesto y aburrido. Por otro lado, los narcisistas son maestros del encanto. Son exitosos, hermosos o talentosos, y estas son las cosas que nos mantienen enamorados de ellos. Sin embargo, esos narcisistas son grandes en el arte de la seducción y pueden hacerle sentir muy amado y admirado. Hasta que se aburren.

4. La creencia es que son únicos y especiales, y solo pueden ser entendidos por aquellos que son únicos o especiales; en otras palabras, personas que ellos perciben como de alto estatus. También creen que solo deben asociarse con estas personas (u organizaciones) "especiales". Por eso sueltan nombres, solo frecuentan los mejores restaurantes y tienen los juguetes más caros. Todo es para ocultar lo vacíos que están por dentro.

5. Una falta de empatía por las emociones y necesidades de otras personas. Hay personas que carecen de empatía, pero no son narcisistas. Sin embargo, este rasgo es esencial cuando se identifica al narcisista en su entorno. Preste atención a su cara y lenguaje corporal cuando usted cuente una historia triste. Pueden ser groseros, negarse a escucharle, decidir por usted sin buscar su opinión, y más. Estas son solo pequeñas cosas, pero poniendo todas estas acciones juntas, se dará cuenta de que podría estar tratando con un narcisista.

6. Un sentido de derecho a un tratamiento especial y el cumplimiento constante de todos sus deseos. En lo que a ellos respecta, el mundo gira a su alrededor. Si no lo hace, entonces alguien debería arreglarlo. No creen que las reglas se apliquen a ellos. Nada es nunca su culpa.

7. Una tendencia a aprovecharse de la gente y explotarla para obtener sus propias ganancias personales. Toman y toman, pero no dan. Cuando lo hacen, hay un motivo.

8. La creencia de que los demás les envidian, y el hecho del interminable material que perciben, les va mejor que a ellos.

9. Un aire de arrogancia.

Cómo detectar a su maestro maquiavélico

Para resumir la personalidad del maquiavélico, solo hay que ver dos citas del libro, El Príncipe. "Un gobernante sabio nunca debe mantener la fe cuando, al hacerlo, va en contra de sus intereses". ¿Qué tal esta otra pequeña y encantadora gema?: "Un príncipe nunca carece de buenas razones para romper su promesa". Maquiavelo cree que la honestidad no es necesaria si tiene más sentido usar la fuerza, el engaño y la traición en su lugar.

El maquiavélico es un maestro de la manipulación. Es embustero, engañando constantemente a la gente para conseguir lo que quiere. No tiene sentido de la moral y considera a los demás como simples peldaños para llegar a donde necesita. El maquiavélico cree que cualquiera que se deje utilizar probablemente se lo merece.

Claro, todos podemos ser deshonestos de vez en cuando, pero para el maquiavélico, este es solo otro martes. El "alto Maquiavelo" cree sinceramente en esta cita de Groucho Marx, "La sinceridad lo es todo. Si puedes fingir eso, lo tienes hecho". Es solo una broma, pero no se lo diga al "alto Maquiavelo". Aquí hay cinco rasgos que puede reconocer:

1. El alto Maquiavelo se desenvuelve mejor en situaciones sociales y carreras en las que las reglas no están grabadas en piedra, permitiéndole ser creativo con límites.

2. Para el alto Maquiavelo, tener una visión cínica de la vida y estar emocionalmente desapegado le ayuda a mantener sus impulsos bajo control, y le enseña a ser paciente en su oportunismo.

3. El alto Maquiavelo cree en el uso de tácticas como la culpa, el encanto, la revelación, la amabilidad y, cuando sea necesario, la presión. Cualquier cosa para conseguir lo que quiere.

4. El alto Maquiavelo preferiría ser sutil en sus tácticas. Se disfrazan de amigables, derraman encanto, le hacen sentir culpable, y comparten con usted cosas sobre ellos mismos cuando deben, para darle un falso sentido de solidaridad. De esta manera, pueden ocultar sus verdaderas intenciones y darse un espacio para la negación plausible si los atrapa en su juego. No están por encima de la presión y las amenazas cuando es necesario.

5. La mayoría de la gente prefiere tener a la alto Maquiavelo de su lado en las negociaciones, debates y otras situaciones competitivas. Sin embargo, nadie quiere tenerlos como colegas, amigos o cónyuges.

Cómo detectar a su psicópata sádico

Este es el psicópata, resumido en una cita de Ted Bundy: "No me siento culpable de nada. Siento lástima por la gente que se siente culpable". Afortunadamente, la mayoría de nosotros, no tenemos que tratar con psicópatas en nuestra vida cotidiana. Sin embargo, si tuviera que hacerlo, ayuda conocer a la persona con la que está tratando. Aquí hay varios rasgos notables en esta personalidad:

1. La manipulación es considerada como un "gran arte" para ellos. Tal vez el psicópata es el gran maestro de la manipulación. Saben cómo absorberle en sus mentiras, hacerle ver lo que quieren que vea, y nada más. Incluso cuando usted sabe la verdad, y le acecha en el

fondo de su mente, saben cómo hacerle desesperar para que crea su versión de los hechos.

2. Son expertos en leer a la gente. El psicópata tiene una asombrosa habilidad para medirle en un instante en su primer encuentro. Casi nunca se equivocan. Lo mejor es creer que explorarán todas las debilidades de usted que puedan. De alguna manera, pueden encontrar su punto débil y aprovecharse de él. Ya sea que usted tenga un gran corazón, o que se trate de un gran puntaje, una victoria rápida y fácil, o que sea simplemente crédulo, ellos lo sabrán, y lo usarán. Cuando esté en una relación personal con un psicópata, aprenderán todo lo que puedan sobre usted, y luego convertirán ese conocimiento en un arsenal de armas mortales que manejarán expertamente contra usted, cortándole poco a poco, hasta que no quede nada de usted. Suena dramático, pero ese es el psicópata.

3. Son encantadores. No es que deba desconfiar de la gente encantadora; esto solo significa que el psicópata puede desarmarle instantáneamente con su encanto. Eso es lo que hacen. Ni siquiera tienen que intentarlo.

4. Le sorprenderán con dolor. Tienen toda esta información sobre usted, pero no la usarán de inmediato. Están felices de esperar y usarla contra usted en el futuro cuando crean que le hará más daño. La gente a menudo se sorprende cuando el psicópata finalmente ataca, y se quita la máscara.

5. Dirán lo que usted quiera oír. Si ha estado en una relación con ellos por un tiempo, puede ser chocante cuando se entera de que solo le han estado usando, diciéndole lo que quiere oír. A menudo la familia y los amigos de los asesinos psicópatas se escandalizan porque nunca han mostrado ni una pizca de maldad.

6. No tienen conciencia. No tienen una brújula moral. Están listos para actuar de la manera que quieran para conseguir lo que desean, o simplemente para añadir más fuego a las llamas. No es solo que

hagan cosas atroces. Disfrutan de ser terribles. No hay rima o razón para la alegría que sienten al destruir todo lo que les rodea.

7. No pueden relacionarse con el miedo. Son incapaces de hacerlo. Pueden sentirlo, pero no saben cómo detectarlo automáticamente, y mucho menos responder a él.

8. Su historial de trabajo es inconsistente. Sería difícil encontrarlos trabajando durante mucho tiempo. Podrían aburrirse y seguir adelante, o podrían despedirse. En cualquier caso, son excepcionalmente buenos explicando su inconsistencia en el trabajo, creando historias fáciles de creer sin más preguntas.

9. Tienen ojos muertos y sin vida. Una rápida búsqueda en Google de psicópatas famosos le mostrará eso. Es casi como si no hubiera un alma detrás de esos ojos. Incluso cuando son alegres, encantadores y aparentemente felices, esos ojos se mantienen invariables.

10. Hablan con una voz monótona; difícilmente puede hacer que hablen más alto. Además, como el psicópata no tiene emociones reales, su habla no tiene esos altos y bajos naturales que tienen los demás.

11. No tienen empatía. No pueden relacionarse con el dolor de otra persona, y no podrían molestarse en hacerlo. Las únicas emociones a las que responderán son las manifestaciones extremas de miedo y rabia, y eso es solo porque quieren explotar esas emociones, solo por diversión.

12. El psicópata es arrogante y tiene derecho. Tenga en cuenta que independientemente de su educación, si crecieron privilegiados o desfavorecidos, todos tienen ese sentido de derecho, y todo lo que hacen o dicen proviene de ese lugar.

13. Al psicópata no le importan las reglas y no juega según ellas. Se van a jactar de ellas, solo por la diversión de salirse con la suya para mostrar cómo están por encima de todo.

14. Cuando los atrapan, no les importan las consecuencias de sus acciones. Literalmente tratan el ser atrapados como el costo de hacer negocios. Eso no les impide hacer más cosas horribles a los demás.

15. Le mentirán a la cara sin parar. Tejerán cuentos fantásticos para atraerle. Y usted los dejará. Se lo creerá. No porque usted sea tonto, sino porque son hábiles mentirosos.

16. De niños, suelen ser violentos con sus hermanos o mascotas. Matan animales, solo por diversión. El sociópata aprende a ser así, el psicópata nace, no se hace.

17. Por último, el psicópata se divierte controlando a los demás. Les encanta dominar y tener a todo el mundo bajo su pulgar. Eso es todo por lo que viven.

La tríada oscura del narcisismo, el maquiavelismo y la psicopatía es algo de lo que todos podríamos prescindir. Verá que hay cierta superposición de rasgos con estas personalidades. Pueden ser perjudiciales y tóxicos en las relaciones personales, donde es más que probable que baje la guardia y los deje entrar.

Leí una historia sobre una mujer que trataba con el fraude de identidad. Tenía comprometidas sus cuentas bancarias y tarjetas de crédito. La única persona que la apoyó en esto fue su prometido, que se había mudado con ella. Ella estaba en contacto con el FBI con la esperanza de resolver el caso. Tuvo que lidiar con el estrés y la ansiedad, y esto no mejoró, ya que las autoridades tenían problemas para localizar al culpable.

Su prometido era un apoyo incondicional para ella en esos tiempos. Él la consolaba. Le compraba regalos. Pagaba el alquiler mensual de ella con el dinero que ella le había dado. Después de meses, su casero se enfrentó a ella por no pagar el alquiler durante varios meses seguidos. Entonces se dio cuenta de que su prometido había estado guardando el dinero del alquiler para él, usándolo solo para comprar sus regalos. Fue difícil aceptar que estaba enamorada de un narcisista manipulador.

Hay historias incluso peores que esta. Una rápida búsqueda en Google le mostrará innumerables experiencias y encuentros que la gente ha tenido con personas de la tríada oscura. Por eso es más importante que nunca aprender a detectar a estas personas. No puede leerlos como leería a la gente normal, pero ciertos rasgos aparecerán a menudo, haciéndole saber que debe poner mucha distancia entre usted y ellos.

Estas personas son insensibles, y necesita protegerse. No razone con ellos, no intente que cambien, y no intente ganárselos. Puede parecer que está progresando, pero le prometo que solo están jugando con usted; perderá, y perderá en grande. Si usted sospecha que está tratando con alguien con una personalidad de la tríada oscura, lo primero que debe hacer es buscar la ayuda de un psicoterapeuta profesional. Por favor, no se acerque a ellos para enfrentarlos. Eso no haría nada excepto ponerse en su radar o animarlos a avanzar en la línea de tiempo de cualquier mal que hayan planeado para usted.

Por favor, esté dispuesto a compartir su experiencia con otros. No sirve de nada tratar de encubrirlo. Es solo una forma de negar la validez de su experiencia, y no le hace ningún bien a nadie. Puede educarse más en estas personalidades de la tríada oscura para que si las encuentra, esté bien equipado para manejarlas si es que no puede evitarlas.

Capítulo nueve: Señales de mentira y engaño

Todo el mundo puede mentir. Muchos de nosotros lo hacemos, no tiene sentido negarlo. Se ha estudiado, y los científicos han descubierto que es probable que todos digan un par de mentiras al día. Si todo el mundo miente, y miente con tanta frecuencia, entonces se vuelve importante saber cuándo lo hace.

La forma de leer a las personas para ver si son falsas es ver cómo son normalmente de honestas. Por ejemplo, si les pregunta, "¿Cómo te llamas?" podrías usar eso para observar dónde miran, cómo suena su voz y cómo respiran. Podría seguir con preguntas similares sobre las que no sirve de nada mentir, como de dónde vienen (suponiendo que no tengan motivos para negar de dónde vienen).

Una vez que usted tiene su línea de base, solo tiene que buscar cambios en las expresiones faciales, los movimientos corporales, el contenido del habla y el tono de voz. Sin embargo, no es tan simple. Por ejemplo, pueden estar inquietos, pero solo porque están nerviosos, no mintiendo. Su voz puede quebrarse, pero solo por ansiedad, no porque estén mintiendo. Hay muchas razones por las que pueden parecer incómodos cuando están respondiendo a sus preguntas.

Manos mentirosas

Cuando usted habla con un mentiroso, a menudo hace gestos con las manos después de haber hablado, en lugar de antes o durante su discurso. La razón de esto es que la mente está trabajando duro para armar una historia, ver si la historia se vende, y lo que pueden hacer para reforzarla si no es así. Así que, en lugar del gesto habitual hecho antes o durante una declaración, tiene el que viene después de que hayan hablado.

Hubo un estudio llevado a cabo por la Universidad de Michigan en 2015, donde los investigadores consideraron 120 videoclips de casos judiciales de alto perfil. Querían descifrar cómo actúa la gente cuando es honesta, en vez de cuando miente. Encontraron que los mentirosos a menudo usaban ambas manos para hacer gestos, más a menudo que los que eran honestos. Vale la pena mencionar que el 40 por ciento de los viedoclips con mentirosos les mostraron usando ambas manos para hacer gestos, comparado con el 25 por ciento de la gente honesta.

Otra cosa notable sobre las manos y los mentirosos es que cuando son deshonestos, los mentirosos inconscientemente tienen las palmas de las manos hacia afuera Esto significa que no están contando la historia completa, están ocultando lo que sienten o están mintiendo descaradamente. Podrían poner sus manos debajo de la mesa y mantenerlas allí. Podrían simplemente mantenerlas en sus bolsillos.

Picazón e Inquietud

Cuando alguien inclina la cabeza hacia un lado, mueve su cuerpo en un movimiento de vaivén, o arrastra los pies, puede estar engañándole sobre algo. Mientras el mentiroso miente, hay fluctuaciones en el sistema nervioso autónomo de su cuerpo. El SNA se ocupa de las funciones corporales y puede desempeñar un papel en la revelación del mentiroso. Cuando usted está nervioso, sentirá fluctuaciones en su sistema nervioso, interpretándolas como un cosquilleo o picazón, causando que se ponga nervioso. También hay una investigación encabezada por R. Edward Geiselman, un profesor de psicología de la UCLA, que muestra que cuando la gente es deshonesta, se involucra en "comportamientos de aseo". Juegan con su cabello, revisan debajo de sus uñas para ver si hay suciedad, y cosas así.

Dar la cara

Cuando alguien le miente, puede que mire hacia otro lado o que se quede mirando en un momento crítico. Mueven los ojos porque intentan encontrar algo que decir. La investigación de Geiselman también encontró que la gente tiende a apartar la mirada un poco cuando miente. El estudio de 2015 de la Universidad de Michigan también encontró que los mentirosos miran mucho más que los que son sinceros. Curiosamente, el 70 por ciento de los videoclips que vieron mostraban a los mentirosos mirando directamente a las personas a las que mintieron.

Incluso con todos estos estudios, todavía hay espacio para el debate sobre el contacto visual y la mentira. Plos One publicó un estudio en 2012 que desacreditó la idea de que la gente mira en cierta dirección mientras miente. Claro, tal vez usted puede leer demasiado de nada en el comportamiento de otra persona, pero no se puede descartar los ojos, ya que a menudo tienen la verdad.

Cuando alguien le está ocultando información, entonces puede que enrosque los labios, por lo que casi no son visibles. A menudo es porque están ocultando hechos o tratando de mantener sus emociones bajo control.

El estudio de la UCLA demostró que alguien que miente a menudo fruncería los labios cuando le hace preguntas que le parecen sensibles. Los labios fruncidos dicen que no quieren hablar del tema en ese momento.

La complexión de la piel también delata a los mentirosos. Cuando alguien habla y se pone blanco o pálido, puede significar que no es sincero, ya que la sangre sale de su cara.

¿Están secos o sudorosos? El sistema nervioso autónomo a menudo hace que un mentiroso sude en su área T (la frente, el labio superior, la barbilla y las áreas alrededor de la boca). Se puede saber observando la frecuencia con que entrecierran los ojos o parpadean, y si tragan con fuerza, o si se muerden o lamen los labios.

La voz detrás de las palabras

Cuando se trata de una persona nerviosa, no es raro que las cuerdas vocales se tensen. Esta es una respuesta natural a estar en una situación estresante, y causa que la voz se vuelva aguda. También puede haber un crujido en su voz. Cuando alguien se aclara la garganta en estas situaciones, puede ser porque está tratando de lidiar con los músculos incómodamente tensos, y eso también puede ser una señal de que está mintiendo.

Si usted nota que de repente han subido el volumen, tal vez se estén poniendo a la defensiva por algo. Si esto significa que están mintiendo o no, depende del contexto.

Las palabras

Cuando alguien tiene que decir cosas como, "Déjame ser honesto", "Confía en mí", "Quiero ser sincero contigo", entonces puede que trabajen demasiado para hacerle creer que son honestos. Sin embargo, tenga cuidado de juzgarlos en base a estas frases, ya que no es una regla rígida.

Hay algo conocido como "relleno vocal", palabras de relleno como "eh", "ah", "uh" y "um", entre otras. A menudo es un signo de engaño. Cuando la gente habla así, puede que intenten darse más tiempo para inventar una buena mentira.

A menos que usted sea parte de la tríada oscura de personalidades, todos somos, en su mayoría, mentirosos no naturales. Por eso, a veces derramamos el té sin querer. A veces, una persona puede cometer un error diciendo, "La besé —no, espera, quiero decir que ella me besó", o "Estaba en la I-95 en ese momento —espera, no, en realidad estaba comiendo algo". Está tratando con alguien que no tiene la mejor memoria —o, estás tratando con un mentiroso.

¿Hablan en fragmentos de frases? Si no completan sus oraciones, entonces podrían estar hilando una historia en el acto.

Consejos para detectar a los mentirosos

Fíjese cuando no se refieren a sí mismos en la historia. Cuando las personas son honestas, a menudo usan el pronombre "yo" (primera persona) para hacerles saber lo que hicieron. "Yo me quité los zapatos a patadas antes de abrir la puerta y entrar en su casa. Al entrar, vi a un hombre de aspecto extraño, verdoso y pálido sentado en la mecedora a mi derecha. Como estaba un poco oscuro, no me di cuenta antes del arma que tenía en la mano. Yo no sentí nada durante unos segundos, y luego el dolor me abrumó. Pero pude dispararle un par de veces antes de caer". Fíjese en el uso de primera persona aquí.

Cuando la gente es falsa, a menudo habla de una manera que reduce la atención a sí misma. Hablan con la voz pasiva mientras describen lo que pasó. Dirán: "La puerta estaba abierta", en lugar de "Yo abrí la puerta". Dirán, "le dispararon al hombre", en vez de "disparé un par de tiros".

Otra forma de tratar de desviar la atención es usando la segunda persona en lugar de primera persona. Por ejemplo, si se les pregunta: "¿Puedes decirme por qué le disparaste?" pueden responder: "Sabes, no puedes ser demasiado cuidadoso. Haces lo mejor para asegurarte de que nadie salga herido, y a veces cuando las cosas son realmente peligrosas, eso significa que tienes que tomar el curso de acción más extremo".

A veces, ya sea que cuenten la experiencia en forma oral o escrita, omitirán los pronombres. "Se quitó los zapatos. La puerta se abrió, así que entró en la casa. El hombre de piel verde y pistola sentado en la mecedora. ¡Boom! El arma se dispara".

Fíjese en el tiempo del verbo que usan. Si son honestos, usarán el tiempo pasado para describir los eventos. Cuando alguien está mintiendo, a menudo hablan de los eventos como si estuvieran sucediendo en el presente —una señal inequívoca de que están ensayando sus mentiras. A medida que usted escucha, note los puntos precisos en los que cambian del tiempo pasado al presente.

Si responden a sus preguntas con preguntas, algo pasa. Como mencioné antes, no nacemos mentirosos. Un mentiroso no quiere mentir; hay una posibilidad de que los atrapen. Pueden responder a su pregunta con una pregunta, así que no necesitan dar una respuesta. Si usted pregunta, "¿Por qué le disparaste?" podrían contestar, "¿Por qué dispararía a alguien si no fuera una amenaza?" o, "¿Te parece que simplemente entro en el fuego de las armas?".

Cuidado con la equivocación. Si evitan responder a sus preguntas usando expresiones vagas e inciertas, y modificadores débiles, entonces usted debe estar en alerta máxima. Hablo de palabras como "quizás", "algo así", "pensar", "adivinar", "sobre", "aproximadamente", "podría", etc. Estas expresiones les dan cierto margen de maniobra para retroceder de las declaraciones que hacen cuando se enfrentan en el futuro.

También, cuidado con los verbos no comprometidos como "asumir", "calcular", "creer", "adivinar", etc., y calificativos vagos como "más o menos" o "podría decirse".

Las promesas son una bandera roja. El mentiroso hará todo lo posible para convencerle de que lo que dicen es "la honesta verdad de Dios". Debe creerles, porque "te lo prometieron" nunca mentirían. Oirá, "Lo juro". A veces eso no es suficiente, así que dirán, "Lo juro por mi honor" o "Lo juro por la tumba de mi madre". Por el contrario, alguien que es honesto no siente la necesidad de convencerle, ya que está seguro de lo que dice y seguro de que los hechos lo defenderán.

Los eufemismos también son banderas rojas. Casi todos los idiomas dan un término alternativo para la mayoría de las acciones y situaciones. Los mentirosos culpables usarán palabras vagas o ligeras, en lugar de sinónimos explícitos en la naturaleza. Hacen esto para hacerle escuchar más favorablemente y restarle importancia a lo que hicieron. Así que si dicen "desaparecido" cuando podrían haber dicho "robado", sustituyen la palabra "tomado" por "prestado", dicen "chocado" en lugar de "golpe", o afirman que han "advertido" a alguien en lugar de decir "amenazado", entonces es probable que se trate de un mentiroso.

Un mentiroso aludirá a acciones. Nunca dirán realmente que las hicieron. Dirán: "Trato de asegurarme de regar el césped todos los días", en lugar de "riego el césped todos los días". O, "Decidí que íbamos a dar un paseo por el bosque". Bueno, ¿caminaron por el bosque? Podrían decir: "Necesitaba repasar los libros con ella". ¿Lo hicieron? Todas estas son alusiones, y no están diciendo definitivamente que hicieron —o no— estas cosas.

Los mentirosos darán muy pocos detalles. Quieren mantener sus declaraciones cortas y dulces. Pocos mentirosos tienen la imaginación para crear historias detalladas de cosas que nunca ocurrieron. Además, cuantos menos detalles, mejor para el mentiroso, para que no les cojan cuando aparezcan pruebas contradictorias. Ahora, cuando se dice la verdad, los detalles que parecen intrascendentes aparecerán, porque están tratando de sacar de la memoria a largo plazo, que almacena muchas cosas además de este evento principal. Algunos mentirosos saben esto y harán todo lo posible para crear muchos detalles en su historia. Los mejores se convencerán genuinamente de estos detalles, aceptándolos como verdaderos, así que usted no tiene más remedio que leerlos como honestos. Estos son probablemente una parte de la tríada oscura.

Preste atención al equilibrio narrativo de su historia. Al narrar, se tiene el prólogo, el evento principal, y el epílogo o secuela. Cuando alguien está diciendo la verdad, el prólogo será aproximadamente ⅕ a ¼ parte de la narración, el evento principal será ⅖ a ⅗ de la narración, y las secuelas serán aproximadamente ¼ del total. Si estas partes se sienten más largas de lo necesario, pueden estar llenas de mentiras.

Fíjese en cuántas palabras tiene una frase. Esto se conoce como "longitud media de la declaración" o MLU, que se calcula sumando el número de palabras de una declaración entera, y luego dividiendo el total por el número de frases de la declaración. En su mayoría, las personas hablan en frases de unas 10 a 15 palabras cada una. Cuando están ansiosos, hablan en frases notablemente más largas o más cortas.

Recuerde: no se centre solo en el lenguaje corporal. Es cierto que hay ciertos movimientos corporales que aludirían a la posibilidad de que esté presenciando el nacimiento de un cuento de hadas, pero algunas de las clásicas señales de mentira que da el cuerpo no están relacionadas con solo la mentira. A veces, con los ojos, es posible que solo piensen en intentar llegar a su memoria a largo plazo cuando miran en la "dirección de mentira". Esto se basa en la investigación del psicólogo Howard Ehrlichman, que ha estudiado el movimiento de los ojos desde los años 70. El lenguaje corporal es útil para buscar mentiras, pero no puede depender solo de ellas.

Preste atención a las señales correctas. Aunque hay señales válidas para detectar las mentiras, el problema es que estas curas pueden ser formas muy débiles de detectar el engaño. Las señales más precisas en las que debe centrarse son la vaguedad, en la que el que habla no añade detalles significativos; la incertidumbre vocal, en la que parece no estar seguro de lo que dice; la indiferencia, en la que actúa aburrido, se encoge de hombros o no tiene expresión facial, ocultando las emociones que siente; y el exceso de pensamiento, en el que parece que está trabajando en una difícil ecuación de cálculo en su cabeza, en lugar de contar una historia que debería ser fácil de contar *si fuera cierta*.

Haga que le cuenten su historia a la inversa. Esta es una forma más activa y mejor de descubrir sus mentiras. Hay investigaciones que han demostrado que cuando le pide a la gente que le cuente su historia en reversa, en lugar de hacerlo en orden cronológico, es más fácil saber cuándo están mintiendo. Esto se debe a que el cerebro ahora tiene el doble de trabajo, y está tan concentrado en hacerlo bien que no puede molestarse en tratar de encubrir las pistas verbales y no verbales que sugieren engaño. Es mucho más difícil mentir que decir la verdad, y hacer que el cerebro trabaje más duro hará más obvias las señales de comportamiento para mentir.

Los mentirosos tienen que gastar mucha energía mental formulando la mentira, lo que dificulta el seguimiento de su comportamiento Y la forma en que usted responde a ellos mientras le mienten. Esto les quita mucho, así que cuando usted añade algo difícil a la mezcla, se quebrarán.

Confíe en su instinto. A veces, la reacción de su instinto es lo mejor para seguir adelante. Hubo un estudio en el que se mostraron a 72 participantes videoclips de entrevistas con sospechosos de crímenes, que eran solo actores. Algunos de los sospechosos eran culpables de robar 100 dólares de una estantería. Sin embargo, cada sospechoso fue instruido para que le dijera al entrevistador que no habían robado el dinero. Los participantes solo identificaron a los mentirosos el 43 por ciento de las veces, y a las personas honestas el 48 por ciento de las veces.

Los investigadores evaluaron las respuestas inconscientes y automáticas al sospechoso haciendo uso de su inherente tiempo de reacción conductual. Encontraron que, a menudo, los participantes relacionaban inconscientemente las palabras "falso" y "deshonesto" con los sospechosos que eran culpables, mientras que asociaban las palabras "honesto" y "válido" con los sospechosos que decían la verdad. Esto significa que tenemos una noción intuitiva de si nos están mintiendo.

La pregunta entonces se convierte en, ¿por qué no somos buenos para saber cuándo alguien nos alimenta con mentiras? Nuestras respuestas conscientes se meten con nuestras asociaciones instintivas. Así que, en lugar de depender del instinto, la gente prefiere centrarse en los comportamientos estereotipados y a veces erróneamente asociados con la mentira.

No existe un signo universal para las mentiras

Para atrapar a un mentiroso, primero hay que entender que estos comportamientos investigados no son más que pistas que pueden significar que el engaño está en juego. En lugar de ver los signos de mentira habituales, observe los comportamientos más sutiles que podrían indicar deshonestidad. Si es necesario, puede hacer que les resulte aún más difícil mentir añadiendo presión, pidiendo al orador que le cuente la historia de nuevo, pero al revés. Por encima de todo, y esto merece repetirse, confíe en su instinto. Le ahorrará dolores y problemas innecesarios. Su instinto no le guiará y nunca podrá guiarle mal si no deja que su cabeza se interponga en el camino.

Capítulo diez: Detectando coqueteos y seductores

El coqueteo es algo tan sorprendente, especialmente cuando usted es el objeto de atención, y la otra persona está tan interesada en usted como usted lo está en ella. El problema es averiguar si son agradables, o si realmente pasa algo que ambos puedan explorar. Tal vez usted sea la única persona que nunca puede saber cuándo alguien está coqueteando con ellos. O tal vez tenga problemas para distinguir entre el momento en que alguien es amable y el momento en que coquetea. De cualquier manera, está bien. Después de este capítulo, usted no tendrá que volver a preguntarse.

Juguemos a "Descubrir el Coqueteo"

Señal #1: Son diferentes a su alrededor. Algunas personas son abiertamente coquetas. Usted les gusta y lo sabrá, o al menos, todos los que no tienen ni idea lo sabrán. Otras personas simplemente cambian la forma en que actúan a su alrededor y esperan que lo note. Preste atención a si se ríen más fuerte, se callan, bromean y hablan mucho más, o se convierten en un torpe y nervioso naufragio.

Señal #2: Se conectan con sus ojos y los sostienen. Puede saber al mirar sus ojos si están coqueteando con usted. Hay estudios que demuestran que cuando alguien le sostiene la mirada durante mucho tiempo, o bien provoca sentimientos de afecto, o bien significa que el afecto ya está ahí. Si están haciendo contacto visual con usted, y no están mirando a ningún otro lugar, entonces es probable que piensen que usted es atractivo.

Señal #3: Están constantemente mirándole. Algunas personas no mantienen contacto visual. Le miran a usted. La diferencia entre una mirada regular y una coqueta es que si le miran mucho y le llaman la atención a menudo.

Signo #4: Hay una sonrisa que es solo para usted, nadie más. Si alguien está coqueteando con usted, le mirará con ojos diferentes a los de los demás. Encontrará ese par de lagos brillando con una suavidad conmovedora. Si sonreían antes de que usted fijara la mirada, la sonrisa crece en brillo o intensidad.

Señal #5: Tienen el hábito de burlarse de usted. No hay nada sencillo en coquetear así, pero sucede a menudo. La gente que coquetea de esta manera trata de no ser demasiado obvia. Se burlarán suavemente de usted, y le ofrecerán cumplidos indirectamente, esperando contra toda esperanza que capte la indirecta. Esta burla difiere de la intimidación o el insulto, así que si siente que le están menospreciando, o se siente incómodo, entonces tal vez sea hora de alejarse.

Señal #6: Juegan con la ropa. A veces, pueden jugar con su ropa o cabello, joyas, incluso con sus manos. Cualquier cosa que puedan tener a su alcance. A menudo significa que están nerviosos porque usted, su flechazo, está con ellos. Apenas pueden contenerse a su alrededor.

Señal #7: Intentan descubrir si usted es soltero de la manera más furtiva que pueden. Puede que les hayas oído decir algo como: "Vaya, ¿tu novia tiene idea de lo afortunada que es?". O dirán, "¿Cómo es posible que sigas soltero?". Están tratando de averiguar si tienen alguna oportunidad con usted, o si ya está comprometido, pero no quieren ser francos al respecto.

Señal #8: Siempre tratan de hacerle reír. Quieren que se relaje y se sienta a gusto con ellos, así que bromean, hacen tonterías, cualquier cosa para que se ría y se pregunte si una vida con ellos estaría llena de risas.

Señal #9: Piensan que usted es graciosísimo en el buen sentido. Verá que se ríen de cada broma que usted hace, incluso cuando no es tan buena. Quieren que sepa que les gusta y que le aprecian.

Señal #10: Mantienen un lenguaje corporal abierto con usted. Querrán estar más cerca de usted, y para facilitar eso, mantendrán su lenguaje corporal abierto con usted. Quieren que sepa, a nivel inconsciente, que están a gusto en su presencia. Si nota que están frente a usted, inclinados, y sus pies y rodillas apuntan hacia usted, entonces probablemente están coqueteando.

Señal #11: Reaccionarán primero a sus mensajes en las redes sociales. Si siguen marcando "me gusta" y comentando sus cosas, solo puede significar que quieren llamar su atención, especialmente cuando les gusta TODO.

Señal #12: Usted nota que le miran. Sabe que puede ver a alguien subrepticiamente; si los atrapa haciéndole eso, entonces es bastante obvio que se sienten atraídos por usted y tratan de coquetear.

Señal #13: Le tocan de maneras sutiles. Esos toques accidentales no son tan accidentales. Pueden darle una palmadita rápida en el hombro, rozarle el brazo o intentar tocarle los pies o las manos si está sentado en la barra o en una mesa. Estas partes del cuerpo son sensibles y a menudo le harán considerar instintivamente si se sientes atraído por ellas o no.

Señal #14: Hacen todo lo posible por estar en su línea de visión. Cuando están en el mismo espacio juntos, note si de alguna manera siempre terminan en su línea de visión, o si de alguna manera siempre están cerca de usted, pero no del todo. Probablemente quieren conocerle, pero no son lo suficientemente valientes para iniciar una conversación o quieren que usted dé el primer paso.

Señal #15: Se mueven sugestivamente. Aquí, si están jugando con su copa de vino, o sus cubiertos, o lo que sea, pero moviendo sus manos en movimientos casi hipnóticos y deliberados mientras se concentran en usted, es probable que estén interesados e intenten coquetear con usted.

Señal #16: Siguen señalando sus defectos; una manera extraña de coquetear pero coqueteando de todos modos. Si son muy autodespreciativos cuando hacen bromas, entonces están tratando de vincularse. También es el caso cuando lo hacen mientras arrojan luz sobre sus propias fortalezas. Quieren que usted se acerque y les ayude con cualquier defecto que perciban.

Señal #17: Todo está en las muñecas. ¿Tienen la muñeca derecha en su mano izquierda? Entonces probablemente estén sensualmente disponibles. Si es su muñeca izquierda la que está en su mano derecha, probablemente sean hostiles. Tenga en cuenta esto, ya que podría ser diferente dependiendo de si son zurdos o diestros, o ambidiestros.

Tres pasos para un coqueteo exitoso

Entender la forma en que funciona el coqueteo a partir de la experiencia personal le ayudará a detectar cuando alguien más está tratando de coquetear con usted. Las cosas probablemente sucederán de cierta manera u orden. Piense en ello como un guión que sigue. Digamos que está en el cine. Sabe que las cosas van de cierta manera. Primero, se dirige al mostrador para coger su entrada. Luego va por unas palomitas de maíz y cualquier otra cosa que quiera comer. Luego se dirige a la sala. Las luces se atenúan. Se enciende el anuncio que le pide que apague el celular, y luego empiezan los tráilers antes de que finalmente pueda ver la película por la que pagó. Este orden de eventos ayuda a guiar la forma en que nos comportamos y también afectará nuestras expectativas.

También usamos guiones en nuestras relaciones, esperando que ciertos comportamientos ocurran en cierto orden. Todo es usualmente sutil y no verbal. Por ejemplo, usted no se golpearía el pecho como un cavernícola y diría: "Yo. Tú. Sexo. Ahora". Bueno, tal vez haya interpretado eso, pero ese no es el punto. Probablemente es más como si ambos se hubieran bañado, uno de ustedes se apoya en la pared mirando al otro de cierta manera, alguien atenúa las luces, y entonces es la hora del sexo.

Estos patrones también ocurren al comienzo de las relaciones. Los investigadores Susan Fox y Timothy Perper han descubierto que hay tres pasos que todos tenemos que negociar para que nuestro coqueteo funcione.

1. El enfoque. Una persona se acerca a la otra. La otra debe responder positivamente, para que el coqueteo pueda continuar. Si no lo hace, se acabó. Dato curioso: A los hombres no les gusta que se les acerque por delante, y a las mujeres no les gusta que se les acerque por el costado. Para pasar del acercamiento al siguiente paso, es importante que sonría genuina y sinceramente. ¿Cómo sonríe de forma genuina? Simple: *sonría de verdad*. Además, las sonrisas falsas suelen ser asimétricas, retrasadas y duran más de lo normal. Además, no hay patas de gallo en las esquinas de los ojos. Cuando usted se acerca, dice hola, y le destella la ceja a la otra persona. El destello de cejas es a menudo una cosa inconsciente que todos hacemos cuando conocemos a alguien con quien nos gustaría involucrarnos socialmente.

2. El giro y la sincronización. Digamos que su acercamiento fue bien recibido, entonces necesitaría un inicio de conversación o una línea de apertura para animar a la charla de ida y vuelta. Lo último que quiere decir son líneas extrañas y groseras como, "¿Tu lugar o el mío?", "¿Es tu cabello verdadero?", "Me recuerdas a alguien que una vez amé". Esta etapa se llama girar y sincronizar porque, después del acercamiento, ambas partes se giran para poder estar cara a cara, y coinciden con los movimientos del cuerpo, lo que significa que hay una compenetración. Esto es a menudo un acontecimiento natural. Algunas personas pueden reflejarse bien, pero mire de la cintura para abajo a la parte inferior de sus piernas y pies para averiguar si está interesado en usted. Recuerde, sus rodillas y pies le señalarán el camino si quiere que esto continúe. Este paso también le permite mirarles a los ojos, así que puede saber por la dilatación de sus pupilas si está interesado o no.

3. El toque. En esta fase, uno de ustedes toca al otro, y el otro tiene que dar la bienvenida al toque para que la conversación continúe. El tacto importa mucho para construir una relación. En esta etapa, hay que escuchar, hablar, compartir y bromear. Según Fox y Perper, las mujeres tocan primero, la mayoría de las veces. Ese compartir mutuo también es importante, porque cuanto más comparte la gente con usted, más les agrada, y cuanto más le permiten compartir con ellos, más le gustan. Todo esto está respaldado por la investigación. Cuando en esta etapa, va a haber humor. En el coqueteo entre sexos opuestos, la investigación ha demostrado que el interés en las citas es más por la risa que da la mujer, más que por el hombre.

Una vez más, esto no es una guía de artistas, así que por favor no vaya por ahí tratando de forzar que estas cosas sucedan. Toda la escena de ligue puede ser sórdida; evítela si lo que le interesa son las conexiones genuinas.

No debería tener problemas para averiguar quién está coqueteando con usted y quién no. Coquetear puede ser divertido, si se dan las condiciones adecuadas y con la gente adecuada, así que disfrute responsablemente.

Capítulo Once: Identificando la manipulación de masas y la propaganda

Tenemos que agradecer al difunto y gran intelectual Noam Chomsky por haber señalado primero las estrategias que los medios de comunicación utilizan para manipularnos. Desde que escribió sobre eso hace unas tres décadas, los medios de comunicación solo han desarrollado más formas de llegar a nosotros. Ahora tenemos Facebook, Instagram, Twitter, y tantas otras fuentes de información que pueden usar para hacernos pensar de maneras que beneficien el punto de vista que tienen. Lamentablemente, la influencia que ejercen no siempre es para bien.

Tácticas de manipulación de los medios de comunicación

Táctica #1: Crear una distracción. Esta es la táctica de los medios de comunicación para manipular a su público. Toman información importante que usted y yo necesitamos saber y la meten entre un montón de historias sin importancia. Es incluso más fácil para ellos hacer esto ahora que tenemos Internet (al menos tenemos la opción de filtrar las partes que no nos importan).

Táctica #2: Sacar un problema fuera de proporción. Cuando hacen un gran negocio sobre algo que probablemente no es un gran negocio (si todos nos paramos a pensarlo), los medios de comunicación pueden obtener un aumento de la sociedad, fomentando enormes consecuencias. Por ejemplo, la NASA publicó un artículo en 2016, afirmando que si hubiera algo de ciencia en la astrología, entonces los signos del zodíaco tendrían que seguir cambiando sus posiciones. Un Libra sería, en algún momento, un Leo, un Escorpio, y así sucesivamente. Entonces, ¿qué hizo la popular revista Cosmopolitan? Pusieron esta afirmación como si fuera un descubrimiento científico real, diciendo que el 80 por ciento de la gente debe cambiar los signos del zodíaco. Esto se hizo viral, forzando a la NASA a imprimir una retracción.

Táctica #3: Poco a poco. Cuando los medios de comunicación quieren que vea las cosas de cierta manera, publican sus noticias poco a poco. Por ejemplo, si quisieran que usted creyera que la tierra es plana, no crearían un titular: "¡Noticias de última hora! ¡La Tierra es plana!". No a menos que no quieran seguir en el negocio. En su lugar, empezarían con una historia sobre cómo un satélite de la NASA encontró unos pocos planetas planos justo fuera de nuestro sistema solar. Luego dirían que se ha descubierto otra versión de la Tierra en órbita, que es plana, y que tiene gente en ella. Finalmente, terminarían con, "Oye, entonces, todo el equipo que hemos estado usando para ver la Tierra desde el espacio exterior todo este tiempo es súper defectuoso y anticuado. Estos nuevos telescopios ahora muestran que la Tierra es plana". Sí, este es un ejemplo ridículo, pero lo crea o no, los medios de comunicación tienen *mucha* influencia, y esta estrategia funciona. Los medios también usan esta estrategia poco a poco para crear nuevos hábitos o una "nueva normalidad" (¿suena familiar?). Así es como normalizaron el fumar en el siglo XX.

Táctica #4: Posponer. Si los medios de comunicación quieren que usted tenga que tomar una decisión difícil, se la presentarán como "dolorosa, pero no tenemos elección". Luego, le harán saber a la audiencia que tienen que tomar una decisión mañana, no en este momento. Es más fácil lidiar con los sacrificios cuando sabe que vienen, que cuando le miran a la cara.

Táctica #5: Mátelos con bondad. Encontrará que los anuncios dirigidos a los niños tienen una cierta vibración en ellos. Usan símbolos, lenguaje, entonaciones y argumentos, todos cuidadosamente elaborados para asegurarse de que no haya críticas. También notará que los eslóganes de las marcas y los anuncios usan la forma imperativa, lo que significa que suenan autoritarios como si no tuviera opción. También se dirigen a usted en las emociones desencadenando sentimientos básicos como el miedo, la codicia, la necesidad de ser parte de algo, la necesidad de sentir un corte por encima de los demás, y así sucesivamente. De esta manera, se encuentra tomando decisiones impulsivas, y no puede por su vida averiguar por qué.

Táctica #6: Las emociones significan pensamientos fuera de lugar. Un amigo me dijo que en la clase de periodismo, les enseñaron literalmente, "Las malas noticias son buenas noticias". Esos son los medios de comunicación. Se trata de trabajar sus emociones negativamente para que le cieguen los hechos. No puede pensar con objetividad porque han hecho un trabajo muy bueno bloqueando la parte racional de usted. Ahora, ve la versión de la realidad que ellos quieren que vea. Esta es la razón por la que las campañas de desprestigio funcionan. La próxima vez que vea a alguien siendo activamente difamado por los medios, salte a YouTube, y busque el discurso sacado de contexto —preferentemente de un canal de YouTube que no sea de los medios principales. Se sorprendería de lo que nota. La guerra de información sigue siendo una cosa. Aprenda a no involucrarse apagando la TV, y luego pregúntese qué emociones siente, por qué las siente, y sobre los hechos.

Táctica #7: Desinformar al ganado. Los medios de comunicación, junto con el gobierno, pueden manipular activamente a la población porque la mayoría de la gente no entiende la mecánica de estas técnicas de manipulación. A menudo, esto se debe a la falta de conciencia. No están educados sobre el hecho de que no, los medios de comunicación no son sus amigos. Está sirviendo a una agenda, y esa agenda probablemente no le sirva a usted. Según Chomsky, la información que llega a la élite es muy diferente de la información que recibe el "hoi polloi". Afortunadamente, las cosas han cambiado desde su época, y ahora podemos acceder fácilmente a fuentes alternativas de información para poder juzgar los hechos por nosotros mismos. Ya no tiene una excusa para caer en los engaños de los medios.

Táctica #8: Alimentarlos con basura y hacer que les guste. Los medios de comunicación animan a la gente a dejar de pensar y a aceptar mejor las cosas que normalmente descartaríamos como dañinas o inútiles. Es por eso que estamos inundados con tantas películas, shows, comedias, tabloides y todo tipo de entretenimiento. No es solo por el propósito inofensivo de la recreación, al contrario de lo que se podría suponer. El entretenimiento es una gran manera de asegurarse de que no estamos viendo los problemas que se ciernen sobre nuestros hombros, y para cuando lo hagamos, será demasiado tarde.

Táctica #9: El viaje de la culpa. La estrategia es simple. Hacer que la gente asuma que son los culpables de que todo vaya mal en el mundo. Deje que se culpen a sí mismos por las cosas que la gente hizo hace siglos. Que se culpen de las guerras que los gobiernos encabezaron sin su permiso o apoyo. Había una foto de un niño entre las tumbas de sus padres que se hizo viral en 2014. Fue representada como una foto de una zona de guerra. En realidad, el chico había tomado la foto para un proyecto que mostraba el amor por sus parientes. *Los medios en su mejor momento.*

Táctica #10: Conózcalos mejor de lo que se conocen a sí mismos. Los medios de comunicación se esfuerzan por aprender todo lo que pueden sobre todos, y en el proceso, se exceden. En 2005, un tabloide británico llamado News of the World fue sorprendido haciendo algo tan descarado y cobarde que deja atónita la mente de cómo pensaron que podrían salirse con la suya por mucho tiempo. Estaban espiando a políticos, celebridades y miembros de la familia real. Así es como escribieron tantos artículos "exclusivos", que atrajeron a muchos lectores. El tabloide fue enterrado en demandas de gente común y celebridades, y después de pagar enormes cantidades de compensación, cerraron.

Los medios sociales también le manipulan a usted

Puede que usted tenga el hábito de comprobar todas sus fuentes, pero entonces, probablemente se sorprendería saber que realmente, la mayoría de las publicaciones no representan con precisión las opiniones reales de los humanos reales. Usted sabe que su prima Betty es tan real como vienen y no una inteligencia artificial en algún lugar, pero los medios sociales pueden desinformar, confundir y engañar. Hay mucha evidencia de que las plataformas de medios sociales utilizan sus datos para otros propósitos, y esta ha sido la práctica incluso antes de que salieran oficialmente con los anuncios de Facebook y Twitter. Los bots y trolls están en estas plataformas, usados únicamente para manipular la forma en que usted piensa.

Consejos para tratar con los medios sociales

1. No confíe en ellos. Se haría un gran favor si solo siguiera las cosas que le sirven a usted y a los amigos que conoce. Los datos de Facebook se usaron para manipular a los votantes en las elecciones de 2016; un pensamiento aterrador. Sería mejor que no confiara en estas compañías con sus datos a menos que prueben que puede hacerlo. Tenga cuidado con el contenido que le gusta, o ni siquiera se moleste

con el botón de "me gusta". Lo que sea que funcione para usted. Cuanto menos sepan de usted, más difícil será para ellos manipularle.

2. Conozca sus propias percepciones. Usted no quiere ser parte de la máquina manipuladora que son los medios sociales. Hay muchos prejuicios que todos tenemos con nuestro pensamiento, y estas grandes compañías de tecnología saben bien cómo explotarlos. Entonces, ¿qué debería hacer? Encontrar todos los puntos de vista posibles sobre un tema. Cuando busque algo en Google, no se limite a mirar la página uno. Vaya hasta la página diez (o más lejos, si puede.) Mejor aún, después de buscar en Google, ejecute esa frase de búsqueda a través de DuckDuckGo. Descubrirá que hay algunas cosas interesantes que no se ven en Google. No tarde en cuestionar cualquier historia que vea por ahí, en lugar de "me gustar y compartir" automáticamente.

3. Tenga cuidado con el poder de los bots. Son muy buenos para cambiar la opinión pública a lo que el creador prefiera. El profesor del MIT Tauhid Zaman demostró cómo la actividad de Twitter en torno a la política sería muy diferente si no hubiera bots en la plataforma. No se trata del número de bots. Su fuerza no radica en los números, sino en el número de publicaciones que hacen.

4. Haga un punto de compromiso con los humanos reales. En persona. Se sentirá mucho mejor al respecto. Los medios "sociales" no son tan sociales. Le quitan los beneficios de tener un humano real y vivo con quien hablar. Usted se siente aún mejor cuando se conecta con la gente que está justo delante de usted, no con la gente que mira una pantalla como usted.

La profundidad de la madriguera del conejo

Los gobiernos utilizan activamente los medios de comunicación social para manipular al público. Esto plantea la pregunta, ¿la democracia sigue siendo tal cosa? La propaganda no es nada nuevo. Sin embargo, lo que empeora los medios sociales es que facilita la difusión de mensajes tóxicos a escala mundial. No ayuda que ahora haya métodos avanzados para dirigirse a usuarios específicos y para hacer el mensaje aún más difícil de escapar.

Los Proyectos de Investigación de Propaganda Computacional de la Universidad de Oxford dicen que formar la opinión pública con automatización, algoritmos y grandes datos (propaganda computacional) es ahora parte de nuestra vida cotidiana.

En su tercer informe anual, el proyecto consideró lo que denominó actividad de "cibertropas", que abarca 70 países. En caso de que se lo esté preguntando, las cibertropas son lo que parecen. Es el término utilizado para describir a los actores que representan al gobierno o a los partidos políticos, que manipulan la opinión pública, difunden mensajes divisorios, atacan a cualquier oponente político y también acosan a todos los disidentes.

En 2017 se produjo un aumento del 150% en el número de países con cibertropas que lanzaron estas campañas de propaganda computacional. La razón de este crecimiento es que las masas se han vuelto mucho más sofisticadas. Son mejores en ser capaces de detectar trolls y la manipulación obvia. Otra razón por la que esto está creciendo es que hay países que recién están aprendiendo a usar los medios sociales, y ahora están jugando con estas herramientas de propaganda computacional.

Los investigadores descubrieron que había 56 países con campañas de cibertropas en Facebook, lo que hace que Facebook sea el rey de la pila de propaganda digital. Facebook funciona bien porque tiene la mayor cantidad de usuarios, y pueden conectarse no solo con usted, sino con su familia, amigos, y tal vez en 2025, con el perro de su vecino.

También hay acción de cibertropas en YouTube e Instagram, y en WhatsApp. Se supone que en los próximos años, las comunicaciones políticas aumentarán exponencialmente en estas plataformas. No ayuda el hecho de que no sea tan fácil supervisar el contenido de los vídeos como supervisar el texto, por lo que las posibilidades de que estos vídeos falsos puedan ser retirados no son muy buenas.

Cuando usted está en las redes sociales, tiene que conocer tres tipos de cuentas falsas:

- Los bots, que están muy automatizados y diseñados para imitar el comportamiento humano en Internet. A menudo, se usan para ahogar a cualquiera que no esté de acuerdo con un punto de vista o para amplificar una narración.
- Los humanos, que crean más cuentas falsas que los bots, y publican tweets, comentarios, y también "se deslizan en sus DM".
- Cyborgs, que son una mezcla de humanos y bots.

Hay un tipo más de cuenta falsa: La robada o hackeada. Si una cuenta tiene un alto perfil y muchos seguidores, entonces son extremadamente atractivos para la gente que busca secuestrarlos para sus propios fines. Usan estas cuentas para difundir mensajes que apoyan la propaganda del gobierno. Otras veces, estas cuentas son simplemente hackeadas para evitar que el propietario exprese su punto de vista.

Aquí hay algunas estadísticas que dan miedo: El 87% de los países utilizan cuentas controladas por humanos. El 80 por ciento de ellos usan bots. El 11 por ciento de ellos hace uso de cyborgs. El 7% de ellos usan cuentas robadas o hackeadas. El 71 por ciento de todas estas cuentas a menudo difunden propaganda a favor del partido o del gobierno. El 89 por ciento se establecen para iniciar campañas de desprestigio o atacar a toda la oposición. El 34% difunde mensajes divisorios para dividir a la gente en facciones. El 75 por ciento utiliza la manipulación de los medios y la desinformación para engañar a los usuarios. El 68 por ciento usa troles patrocinados por el estado para atacar a periodistas, a la oposición o a disidentes políticos. El 73 por ciento inunda los medios sociales con hashtags para amplificar cualquier mensaje que quieran.

22 Técnicas de propaganda que debería conocer

1. Estereotipos o insultos: La idea o la víctima recibe una etiqueta terrible, que es fácil de recordar y suena peyorativa. De esta manera, el público las rechaza automáticamente sin pensar mucho en lo que la etiqueta representa. Ejemplos de tales etiquetas: "Abrazador de árboles", "Nazi", "Grupo de interés especial", "Copo de nieve".

2. Brillantes palabras de generalidad o de virtud: Son palabras elegidas para engañar a la audiencia para que acepte a las personas o ideas sin pensar mucho en los hechos que tienen delante. Ejemplos: "Orgánico", "Sostenible", "Científico", "Natural", "Ecológico".

3. Deificación: Esto es convertir una idea o persona en una especie de dios. Los pintan como sagrados, santos o especiales y por encima de todas las leyes y convenciones. Cuando se presenta lo opuesto a esta persona o idea, se les pinta como blasfemos. Ejemplos: "El derecho dado por Dios a..." "Gaia", "Madre Tierra".

4. Transferencia (Virtud o culpa por asociación): Un símbolo respetado que tiene autoridad, prestigio y es sancionado también se utiliza junto con un argumento o idea diferente para que parezca igual de aceptable. Ejemplos: Sello de la Universidad, Bandera Americana, Símbolo de la Asociación Médica (o algo parecido).

5. Testimonio: Una personalidad respetada, o alguien que es odiado, se acerca para decir que un producto o una idea es buena o mala. De esta manera, el público no mira los hechos, sino que se centra en el carácter de la persona que describe la idea o el producto.

6. Gente sencilla: Este es un método para convencer a la audiencia de que un ideal es realmente bueno porque este mismo ideal es sostenido por "otras personas como usted". Usarán frases como: "La mayoría de los americanos...", "Esta es la voluntad del pueblo", y otros.

7. Efecto de arrastre: Aquí es cuando los medios de comunicación quieren que usted acepte lo que dicen, al hacerle saber que si no lo hace, se perderá grandes beneficios. Esto se usa mucho en la publicidad. Escuchará frases como, "Sé el primero entre tus amigos", "¡Actúa ahora!", "¡Perderás, pierdes, fuera!", "Esta es la próxima gran cosa". Pregúntese a sí mismo si alguien más entre sus amigos quiere comprar la basura que le venden para salir de ese trance.

8. Dicotomía artificial: Los medios de comunicación tratarán de hacerle aceptar que solo hay dos lados de un problema, y que cada lado debe ser representado con precisión para que todos podamos hacer una evaluación honesta. Esto le hace pensar que solo puede haber una manera correcta de ver las cosas. Esto funciona simplificando la realidad, y luego distorsionándola, en beneficio de los medios de comunicación. Considere la controversia de la "evolución" contra el "diseño inteligente".

9. Asunto candente: es una pregunta o una afirmación que no es cierta y está diseñada para provocar la ira para que el oponente pueda ser sorprendido y avergonzado. Un entrevistador puede dejar la discusión y desviarse por la tangente para preguntar: "¿Todavía tiene problemas con su marido?" o "¿Cuándo pagará finalmente todos los impuestos que debe?". No importa que las preguntas se basen en premisas falsas. Hace lo que debe hacer, que es dañar la reputación de la persona entrevistada.

10. Ignorar la pregunta o dilatar el proceso: Esto da la oportunidad de escapar a una pregunta directa, o de conseguir más tiempo. Ejemplos de frases que escuchará son: "Un comité de investigación está investigando este asunto...", "Se requiere más investigación...", "Voy a convocar un equipo para investigar este ataque".

11. Ignorando la pregunta o dilatando Así es como justifican algo que es impopular y desagradable. "La guerra es terrible, pero es el precio que hay que pagar por la paz".

12. Chivo expiatorio: Esto se usa junto con la culpa por asociación para evitar que el público examine el problema. Se trata de trasladar la culpa de una persona o grupo a otro, sin profundizar demasiado en las áreas grises del problema. Escucharán declaraciones como: "El presidente Obama nos metió en este lío" o "Trump causó la caída de las tasas de empleo".

13. Desajuste de causa y efecto: Esto confunde a la audiencia sobre la causa y efecto real en juego. La mayoría de las cosas son causadas por más de una cosa, y por lo tanto sería engañoso decir, "El cáncer es causado por bacterias", o "El cáncer es causado por los homosexuales en los Estados Unidos".

14. Fuera de contexto o Distorsión de datos o Recogida de cerezas o Apilamiento de cartas: Para convencer a la audiencia, los medios de comunicación utilizarán información seleccionada y no darán la historia completa. Podrían publicar un estudio que diga que se ha descubierto que los refrescos dietéticos ayudan a perder peso, pero luego se descubre que solo estudiaron a personas con un estilo de vida ya activo, y el estudio fue financiado por Big Soda.

15. Causa falsa o inferencia débil: Esto es cuando los medios de comunicación hacen un juicio, pero no tienen suficiente evidencia para emitir ese juicio. Además, la conclusión no siempre concuerda con la evidencia que ellos proporcionan.

16. Analogía defectuosa: Esta es una comparación exagerada, como una pendiente resbaladiza, en la que se supone que un ligero movimiento en un sentido llevará a un movimiento hasta el punto más extremo en ese sentido (ejemplo: "¡Fumar marihuana lleva a la adicción a la cocaína!"). Podrían decir: "Bitcoin está surgiendo de la misma manera que lo hizo justo antes de la gran caída; por lo tanto, ¡vamos a ver la burbuja estallar muy pronto!".

17. Mal uso de las estadísticas: Informan de números promedios, no de la cantidad real. Podrían decir, "9 de cada 10 médicos recomiendan..." sin decirte que literalmente solo obtuvieron esa información de tres de cada cuatro médicos con los que hablaron.

También podrían usar el truco de mezclar cantidades proporcionales y absolutas, así: "7.600 ratas más murieron por beber el té de néctar de agave, mientras que con otras que se apegaron a la manzanilla, tuvieron una tasa de mortalidad de menos del uno por ciento". También usan gráficos distorsionados, donde podrían representar 7 de cada 10 como el 71,354 por ciento.

18. Miedo: A los medios les encanta esto. Solo dígale a la gente que hay una amenaza y denuncie a todos aquellos que no la toman lo suficientemente en serio, ya que los acusa de ser antipatrióticos y de poner a todos los demás en peligro. La gente se asustará, y se pondrán en fila.

19. Ataque ad hominem (Desviación): En lugar de atacar el mensaje, atacan al mensajero.

20. Ataque Tu Quoque: Los medios de comunicación responden a sus oponentes diciendo que están usando una técnica de propaganda, o una falacia lógica, en lugar de centrarse en las pruebas y argumentos de su oponente. Básicamente acusan al oponente de hacer lo que ellos (los medios) están haciendo.

21. Enmarque preventivo: Enmarcan los temas de la manera en que quieren que la gente los perciba. Un ejemplo de enmarcado sería: "La única razón por la que tenemos problemas con la economía es que los Demócratas estaban demasiado ocupados haciendo cualquier cosa menos arreglándolo". Una vez más, ningún efecto tiene solo una causa simple.

22. Desviación: Cuando algo es amenazante o embarazoso, los medios de comunicación proponen una distracción. Usted puede haber notado esto durante los disturbios de Hong Kong, los medios de comunicación fueron misteriosamente silenciados sobre el asunto durante mucho tiempo.

Capítulo doce: Entrenamiento diario de su mente analítica

Hablemos de sus habilidades de pensamiento analítico. ¿Cómo son? Para algunas personas, estas habilidades son naturales. Pero otros, deben trabajar en ellas. Necesita estar motivado e interesado, mostrando mucha perseverancia si va a adquirir esta habilidad. Va a tener que aplicar lo que aprenda. En eso es en lo que este capítulo le ayudará.

Por qué son importantes las habilidades de pensamiento analítico

Son críticos en el trabajo y en su vida personal. Cuando usted sabe pensar analíticamente, puede resolver problemas y encontrar soluciones que la gente no considera, aunque sean tan simples como la nariz en su cara.

Con el pensamiento analítico, usted es capaz de ver cuando las emociones están causando que todos se vuelvan ciegos a los problemas reales en el terreno. También puede saber cuándo no está en la mejor posición emocional o mental para decidir. No se deja presionar para actuar, sino que piensa las cosas a fondo. A menudo, esto le ahorra dinero, tiempo y energía, ya que conoce las cosas esenciales para usted y los que le rodean en un momento dado.

Cuando debe reunir datos, resolver problemas o tomar decisiones acertadas, necesita pensar de forma analítica. Cuando se sacan conclusiones de los datos que se han recogido, hay que ser analítico y eficiente en el pensamiento. Esta habilidad es muy deseable cuando los gerentes buscan a quien contratar, ya que instantáneamente hace que usted sea un buen ajuste para la organización. Para sobresalir en la vida, dese el regalo de agudizar las habilidades de pensamiento analítico. Así es como puede hacerlo.

Siete pasos para un mejor pensamiento analítico

1. Obsérvelo todo. Cuando salga a caminar, observe su entorno y la gente que le rodea. Cuando esté en el trabajo con sus colegas, obsérvelos. Mientras lo hace, asegúrese de usar todos sus sentidos, para que tenga una experiencia verdaderamente inmersiva. ¿Qué es lo que está pasando que mantiene su atención ahora? Concéntrese en esas cosas. Asegúrese de mantener su mente ocupada.

2. Lea más libros. Si quiere hacer un buen trabajo de pensamiento analítico, es inevitable que necesite leer más. Así es como su mente se mantiene aguda, ya que siempre la mantiene funcionando y la introduce a nuevas ideas. No lea solo a lo loco; sea proactivo en la creación de una estrategia para la lectura. Además, mientras lee, digiera lo que está leyendo. Hágase preguntas sobre ello. ¿Tiene sentido? Lea en voz alta si le ayuda a mantenerse comprometido con lo que está leyendo. Enloquezca con un resaltador. Intente predecir hacia dónde se dirige el libro.

3. Aprenda cómo funcionan las cosas. No se limite a buscar soluciones a las razones por las que el volumen de su PC está demasiado alto después de la última actualización. Busque más a fondo. Averigüe cómo funcionan las cosas y podrá comprender el

proceso, lo que a su vez estimulará ese músculo de pensamiento analítico.

4. Acostúmbrese a hacer preguntas. Cuando se pone curioso, se vuelves más inteligente. La curiosidad le empuja a hacer uso de sus funciones cognitivas, como la memoria y la atención. Así que haga más preguntas, porque así es como obtiene una mejor retención, memoria y habilidades de resolución de problemas. No deje que nadie le haga sentir estúpido por hacer preguntas. El querer aprender es bueno y saludable.

5. Juegue tantos juegos mentales como pueda. Para agudizar sus habilidades de pensamiento analítico, debe jugar juegos que hagan funcionar su cerebro. Pruebe con el Sudoku, el ajedrez, los crucigramas y los rompecabezas. Descargue aplicaciones para juegos de inteligencia que le mantendrán agudo. Puede usar el tiempo libre que tiene en el tráfico o donde sea para mejorar su pensamiento analítico. Lo bueno es que estos juegos son divertidos, así que no debería tener problemas para motivarse a jugarlos.

6. Ponga a prueba su capacidad de resolver problemas. Cada problema tiene una solución. Este debería ser su lema. Por lo tanto, siempre es bienvenida la oportunidad de resolver un problema. Haga un divertido juego de averiguar varias formas diferentes de resolver un problema, y pronto descubrirá que usted es la persona a la que hay que acudir para resolver los problemas. Siempre que sea posible, no solo proponga las soluciones, sino que también las prueba. Vea cuál de ellas funciona mejor, y luego pregúntese constantemente, "¿Cómo podría ser mejor?". Se sorprendería encontrar que realmente no hay fin a la mejora si se lo propone.

7. Considere sus decisiones cuidadosamente. En la vida, tenemos que tomar decisiones, ya sea dejar nuestro trabajo para empezar con lo que más queremos hacer, o averiguar si esta es la persona con la que quiere pasar el resto de su vida. Debería pensar mucho sobre sus decisiones, asegurándose de que son, de hecho, racionales. Piense en las ventajas y desventajas, los pros y los contras. Donde pueda

conseguirlo, busque opiniones de expertos en la materia. No tenga miedo de investigar, y me refiero a una investigación exhaustiva, no solo una búsqueda en Google en la que se contenta con respuestas de la primera página. Además, pregúntese si la solución que ha encontrado es la mejor. No tenga miedo de escuchar su crítica interna, porque podría llevarle a una solución aún mejor de la que ya tiene. Está bien tomarse un poco más de tiempo para repensar sus posturas en los temas antes de decidir finalmente.

A la hora de la verdad, el pensamiento analítico es una habilidad, y como todas las habilidades, la única forma de mejorarlas es practicar y aplicar lo que aprende cada día. Quiere asegurarse de extraer el oro de cada experiencia que encuentre.

Siga practicando. Al principio, se sentirá como la cosa más antinatural del mundo. Podría estar tentado de golpearse a sí mismo porque siente que usted no es bueno en esto. No se rinda a ese sentimiento. Piense que es como ir al gimnasio. No va a hacer 34 repeticiones de 320 libras en un día solo porque está en el gimnasio, especialmente si no ha estado entrenando sus músculos. A su debido tiempo, mejorará.

Cuando lo haga, descubrirá que puede leer a la gente fácilmente, sin poner mucho esfuerzo. Su mente y su intestino se alinearán, cada sentido afilando el otro para que pueda leer mejor a la gente. Sus relaciones mejorarán, le irá mejor en el trabajo, y nunca más se encontrará atascado en el comportamiento tóxico de otra persona sin saber cómo manejarse a cada momento.

Vea más libros escritos por Heath Metzger

www.ingramcontent.com/pod-product-compliance
Lightning Source LLC
Chambersburg PA
CBHW070759300326
41914CB00053B/742